中共中央党校（国家行政学院）
马克思主义理论研究丛书

发展：在人与自然之间

DEVELOPMENT:
BWTEEN HUMAN AND NATURE

邱耕田◎著

社会科学文献出版社
SOCIAL SCIENCES ACADEMIC PRESS (CHINA)

代序一

在中央党校马克思主义学院成立大会上的讲话（2015年12月26日）

何毅亭

今天是中央党校一个值得纪念的日子，因为中央党校马克思主义学院正式成立了。我代表刘云山校长、代表中央党校校委会，对中央党校马克思主义学院成立表示热烈的祝贺！对前来参加马克思主义学院成立大会的各位领导和嘉宾表示衷心的感谢！对在马克思主义理论教学和研究中辛勤耕耘和默默奉献的校内外老领导老同志和广大教职员工表示诚挚的敬意！

《共产党宣言》发表以来，马克思主义在一个多世纪里实现了广泛的传播，唤起了普遍的觉醒，指导和引发了世界范围深刻的社会变革。马克思主义的传入给近代中国带来了革命性变化，中华民族由此开启了全新历程。如今，世界上越来越多的人认识到：中国道路深刻改变了当代中国面貌，中国理论使马克思主义焕发生机，中国经验对世界的影响日益凸显。回过头看，世界上还没有哪种思想理论像马克思主义这样对人类社会发展产生如此巨大的作用和如此深远的影响。

成立中央党校马克思主义学院，是中央党校校委会作出的重大决策，得到刘云山校长的大力支持和党中央批准同意。在前不久召

何毅亭，中共中央党校（国家行政学院）分管日常工作的副校（院）长。

开的全国党校工作会议上，习近平总书记在讲话中强调坚持党校姓党首先要坚持姓“马”姓“共”时特别指出：“中央批准中央党校成立马克思主义学院，就是坚持党校姓‘马’姓‘共’之举。”在如此重要的场合，习近平总书记把中央党校成立马克思主义学院提到这样的高度来强调，充分体现了党中央对发挥好党校作用这个党的独特优势的重视和期望，是对中央党校马克思主义学院乃至全国所有马克思主义学院的最大鼓舞和鞭策。

中央党校的前身就是1933年在江西瑞金建立的“马克思共产主义学校”，一开始就姓“马”。新中国成立前后一段时间，中央党校曾更名为“马列学院”，也公开姓“马”。长期以来，中央党校的教学和科研坚持以马克思主义为中心，各个教研部围绕马克思主义理论学科建设来设置，2009年又专门增设马克思主义理论教研部。就是说，中央党校从整体上就是一所马克思主义学院。那么，为什么还要单独成立马克思主义学院呢？

我们知道，中央党校是党的最高学府，是党的思想理论建设的重要阵地和意识形态工作的重要部门，讲授马克思主义、研究马克思主义、宣传马克思主义，既天经地义更责无旁贷，中央党校马克思主义基本理论学科齐全，除国务院学位委员会第一批批准的马克思主义理论一级学科外，还拥有马克思主义哲学、政治经济学、政治学等学科博士学位授权点，其中哲学、理论经济学、科学社会主义、党史党建是国家重点学科。在多年理论教学和研究工作中，中央党校聚集和培养了一批政治立场坚定、马克思主义学养深厚、在相关学科领域有影响的专家学者。在中央党校马克思主义理论教研部基础上成立马克思主义学院，可以搭起一个新的更大的平台，更好整合校内马克思主义理论学科资源，更好聚集党校系统马克思主义理论学科建设优势，更好发挥中央党校乃至整个党校系统在马克思主义理论教学、研究、宣传和人才培养方面的重要作用。特别是党的十八大以来，以习近平同志为核心的党中央更加重视马克思主义理论研究和建设工程，明确提出要大力推进包括马克思主义学院建设在内的理论工作“四大平台”建设。中央党校成立马克思主义学院，是贯彻党中央要求的重要举措，很有必要、意义重大。

刚才，几位兄弟单位的领导发表了热情洋溢的讲话，你们在讲授、研究、宣传马克思主义理论方面卓有成效的工作，对我们有很大启发和帮助。中国社会科学院自2005年成立马克思主义研究院至今已经十年，取得的成就和产生的影响有目共睹。北京大学今年10月举办首届“世界马克思主义大会”，来自五大洲的400余位中外学者参加会议，120余位专家学者在论坛发言，规模空前、成果丰厚。目前，全国已有200多所高校成立了马克思主义学院，大家各具特色和优势，发展态势可喜可贺。中央党校马克思主义学院要学习借鉴兄弟单位的成功做法，进一步彰显自己的特色和优势，努力建成一流的马克思主义教学基地、一流的马克思主义研究高地、一流的马克思主义思想阵地。

建成一流的马克思主义教学基地，最根本的是干好党的理论教育和党性教育这个主业主课，在用马克思主义理论教学育人方面走在前列。党校是我们党教育培训党员领导干部的主渠道主阵地。旗帜鲜明、大张旗鼓地讲马克思主义、讲中国特色社会主义、讲共产主义，用马克思主义理论武装学员头脑，推动学员提升看家本领，帮助学员补钙壮骨、立根固本，是党校办学的中心工作，更是马克思主义学院必须重点抓好的第一位任务。马克思主义学院讲授马克思主义，要更加注重学员对马克思主义经典著作的学习研究，引导学员努力掌握辩证唯物主义和历史唯物主义基本原理和方法论。特别要把马克思主义中国化最新成果作为中心内容，深入解读阐释习近平总书记系列重要讲话精神，引导学员以“四个全面”战略布局和“五大发展理念”为主线，进一步深化对习近平总书记系列重要讲话的系统学习和深入理解，做到学而信、学而用、学而行。还要强化问题导向，注重回答普遍关注的问题，注重消除学员思想上的疙瘩，防止空对空、两张皮，增强马克思主义理论教学的针对性和实效性。

建成一流的马克思主义研究高地，最根本的是以马克思主义眼光纵观天下大势，在研究阐释21世纪马克思主义、当代中国马克思主义方面走在前列。马克思主义是在提出问题和分析问题过程中产生的，也要在提出、分析和解决问题中不断丰富和发展。21世纪的世界，各种问题矛盾风险层出不穷、不确定因素大量增多，马克思主义为分析和应对这些问题矛盾风险以及不确定因素提供了根本的思想指南。21世纪的中国，我们党带领人民为实现“两个一百年”目标和中华民族伟大复兴的中国梦而不懈奋斗，在这个进程中也会遇到各种矛盾风险挑战，会面临一些需要研究解决的深层次问题。比如，如何在经济社会发展中更好体现社会主义本质，实现效率与公平、人与自然的统一；如何在坚持和完善中国特色社会主义政治制度中更好发展社会主义民主、健全社会主义法治，充分实现人民当家作主；如何在推进社会主义精神文明建设中培育和践行社会主义核心价值观，实现人的自由全面发展，在借鉴世界优秀文明成果基础上实现中华文明的复兴。凡此等等，都需要以马克思主义为指导进行深入探索和研究，从理论和实践结合上作出有说服力的回答。马克思主义学院开展这方面的研究，开展哲学社会科学研究，不能坐而论道，而要突出问题意识和实践导向，积极参加马克思主义理论研究和建设工程，深入实施马克思主义理论骨干人才计划，加强对重大现实问题和突出矛盾的对策性研究，努力成为出思想、出成果、出人才的研究高地。

建成一流的马克思主义思想阵地，最根本的是在加强思想理论引领、构建中国特色话语体系方面走在前列。当今时代，社会思想观念和价值取向日趋多元，社会思潮纷纭激荡。党校不是世外桃源，意识形态领域的许多重大问题都会在党校汇聚。这就给党校、给中央党校马克思主义学院提出了提升思想引领力和话语主导权的任务。现在，世界范围话语权上“西强我弱”的格局还没有根本改变，我们的话语体系还没有建立起来，声音偏小偏弱，不少方面处于“失语”或“无语”状态，我国发展优势和综合实力还没有转化为话语优势。你没有，西方话语体系就乘虚而入，就大肆兜售和贩卖。如果我们饥不择食，沿用人家的逻辑和思路来做，就会进人家的套。习近平总书记在全国党校工作会议上明确提出：失语就要挨骂。争取国际话语权是我们必须解决好的一个重大问题。他要求党校在这方面发挥重要作用。马克思主义学院要认真贯彻习近平总书记这一要求，发挥好中央党校和党校系统的学科优势、人才优势和整体优势，加强力量协调，加强资源整合，弘扬主旋律、传播正能量，及时发出中国声音、鲜明展现中国思想、响亮提出中国主张。要加强对各种社会思潮的辨析和引导，坚持在重大政治原则和大是大非问题上净化“噪音”“杂音”，敢于发声亮剑，善于解疑释惑，为坚持和巩固党在意识形态工作的领导、巩固马克思主义在意识形态领域的指导地位作出积极贡献。

这里需要特别指出的是，中央党校成立马克思主义学院，绝不是简单的名称改换，绝不是追求形式上的好看中听，而是要以学院成立为新起点和重大契机，着力提振全校的精神状态，以新的思路和得力举措全面提升马克思主义学院的教学科研水平，全方位提升马克思主义学院的影响力和核心竞争力。

马克思主义学院要坚持政治建院，始终唱响姓“马”姓“共”主旋律。马克思主义学院因加强马克思主义理论教学和科研而办，坚持政治建院是应有之义。要始终把握正确的政治方向，严守党的政治纪律和政治规矩，向以习近平同志为核心的党中央看齐，把姓“马”姓“共”贯穿于办院全过程，做到党中央要求干什么就坚定干什么，党中央禁止什么就坚决反对什么，以实际行动维护党中央的权威。马克思主义学院一切工作都要围绕党和国家的中心工作来进行，无论是制定教学和科研规划、确定教学和科研任务，还是设置教学和科研内容、创新教学和科研方法，都要自觉从党和国家工作大局去把握、去落实。在这个问题上，脑子要特别清醒、眼睛要特别明亮、立场要特别坚定。要把握好政治立场坚定性和科学探索创新性的有机统一，处理好学术研究和理论宣传的关系，处理好言论自由和政治纪律的关系，做到学术研究无禁区、课堂讲授有纪律、公开言论守规矩，决不允许公开发表违背党中央精神的错误观点，决不能信口开河、毫无顾忌。

马克思主义学院要坚持人才强院，多举措打造高端理论人才队伍。办好学院，关键在人才，尤其是领军人才和拔尖人才。缺乏马克思主义理论名师名家，缺乏一流的理论人才队伍，马克思主义学院是一流不起来的。习近平总书记在全国党校工作会议上对党校师资队伍和人才队伍建设提出明确要求，强调党校要办好必须有一批理论大家和教学名师，强调要充分利用各方资源，不求所有、但为所用，强调只要能够提高党校师资水平和教学水平，可以“八仙过海，各显神通”，各种办法都可以用。这些重要思想，给办好党校、办好学院提供了科学的人才方法论。中央党校将围绕打造马克思主义理论高端人才队伍，抓紧实施“名师工程”和“高端人才引进计划”。一方面，通过访学深造、挂职锻炼、教研实践、蹲点调研、外出培训以及优秀教师传帮带等方式，着力提高学院现有教研人员的政治素养、专业水平、科研能力。另一方面，打开选人用人视野，以调入、聘任、兼职、合作研究等多种方式网罗人才，确保引得来、留得住、用得好。要通过坚持不懈努力，造就理论功底深、学术造诣高、教学科研成绩大、在学术界有影响的马克思主义理论名师名家；引进学术功底扎实、具有创新能力、在相关领域作出突出贡献的马克思主义理论高端人才；培养专业知识丰富、具有较大发展潜力的马克思主义青年才俊，从而形成自己的人才高地，以人才高地建设增强学院的实力、提振学院的影响力。

马克思主义学院要坚持管理兴院，全方位提升办学水平。办好一流的马克思主义学院，必须有一流的管理。政治建院、人才强院要落到实处都要依靠管理，通过管理形成风清气正、充满活力，富有效率、有利于出思想出人才出成果的政治生态和人文环境。学院的领导和中层干部要有责任意识和管理才能，处理好治院与治学的关系，既要当好学问家、学术带头人，还要当好管理者、组织者，善于抓执行、抓落实，积极探索和遵循办学规律，把马克思主义学院办出水平。一要坚持开放办院、开拓办院。要加大与先进同行的战略联盟，互联互通，共赢互进，共谋发展。尤其要加大与国内外先进同行在重大活动开展、议题设置、学科建设，平台建设、人才培养等方面的交流与合作，取长补短，博采众长，联合国内外优秀马克思主义研究者，引领马克思主义研究方向，提升话语权和软实力。二要抓好协同。把学院办好不仅仅是学院本身的事，党校各个单位都有责任，都要尽心尽力、协同作战。目前已经成立了囊括我校马克思主义理论研究和建设工程专家的专家委员会，还把中国马克思主义研究基金会也放了进去，下一步还要根据需要继续做好整合协调工作，像教研部门、刊物、学会、网站、数据库等都要协同起来，共同发挥最大作用。三要抓好保障。当前首要的是抓紧实施中央党校教学和智库建设创新工程，切实在用人制度创新、机构设置创新、教研组织方式创新、教研评价机制创新、教学科研资源配置方式创新上下功夫，最大限度地解放和发展教研生产力，调动教研人员积极性和创造性，为建成一流马克思主义学院提供坚强保障。要通过改革创新建立完善办学体制机制，鼓励学术立身，鼓励拔尖冒尖，鼓励集体攻关，让马克思主义理论人才感到有尊严、有盼头、有奔头，让马克思主义理论领军人才和青年才俊茁壮成长，让马克思主义理论名师名家脱颖而出。

中央党校马克思主义学院的成立，是中央党校的光荣，更是学院教职员工的光荣。希望学院全体同志牢记使命、振奋精神、鼓足干劲，全身心投入到马克思主义学院建设上来，尽快找准定位、理清思路，确保开局顺利，早日实现建院目标。

代序二

在“马克思主义理论创新与新中国70年成功实践暨第四届全国党校系统马克思主义学院教学科研座谈会”上的讲话（2019年7月20日）

甄占民

今年是中华人民共和国成立70周年，深入总结我们党治国理政的经验无疑是庆祝新中国70岁华诞的重要内容。目前全党正在开展“不忘初心、牢记使命”主题教育，深入研究守初心、担使命的深刻内涵和实践要求无疑是理论工作者的重要责任。在这样的背景下，我们召开这次座谈会，以习近平新时代中国特色社会主义思想为指导，围绕新中国70年成功实践，探讨马克思主义理论创新问题，有助于我们深化对共产党执政规律的认识，把握初心初衷和使命担当，进一步回答中国共产党为什么“能”；有助于我们深化对马克思主义中国化历程的认识，深刻理解马克思主义深刻改变中国的生动实践，进一步回答马克思主义为什么“行”；有助于我们深化对改革开放和中国特色社会主义道路非凡意义的认识，更好地探讨“中国经验”“中国奇迹”，进一步回答中国特色社会主义为什么“好”。可以说，这次座谈会时机特殊、意义特殊，展现了党校人、马院人对坚持和发展马克思主义的深厚情怀；展现了我们对党校姓党、思想建党、

甄占民，中共中央党校（国家行政学院）副校（院）长。

理论强党的不懈追求；展现了我们对坚持和发展中国特色社会主义、实现“两个一百年”奋斗目标和中华民族伟大复兴中国梦的责任担当。

在理论创新与实践创新的紧密互动中坚持和发展马克思主义，不断用发展着的马克思主义指导新的实践，是我们党带领人民进行革命、建设和改革的鲜明主题，也是新中国成立70年来最为宝贵的历史经验。70年来，我们党始终坚持解放思想、实事求是、与时俱进，始终坚持把马克思主义基本原理同中国具体实际和时代特征相结合，不断赋予马克思主义以新的时代内涵和新的实践特色，又不断从新的历史实践和历史经验中丰富和发展马克思主义。从坚持和发展毛泽东思想，再到创立邓小平理论，到形成“三个代表”重要思想，到形成以人为本、全面协调可持续的科学发展观，都是如此。历史也充分表明，理论创新与实践创新的紧密互动，成就了我们党，成就了中国特色社会主义，成就了马克思主义的新境界。也可以说，正是靠着不懈的理论创新和实践创造，我们党一次次在回答“时代之问”上达到了新的高度，一次次在“从哪里来、向何处去”的问题上产生了新的思想飞跃，一次次在推动历史进步上掀开了新的历史篇章。

越是波澜壮阔的实践，越是呼唤新的思想引领，也越能孕育新的伟大思想。党的十八大以来，面对具有许多新的历史特点的伟大斗争，以习近平同志为核心的党中央顺应时代发展大势，勇于回答“新的时代之问”，创立了习近平新时代中国特色社会主义思想，开辟了马克思主义的新境界。如果我们仔细分析这一思想的创立过程，就会清晰感到，一系列新的重大思想观点的提出、一系列新的重大战略举措的确立，都是在理论创新和实践创新的紧密联系中不断深化和完善的；如果我们深深领悟这一思想的鲜明特质，也会深深感到，贯穿其中的就是习近平总书记马克思主义政治家、思想家、战略家的非凡理论勇气、卓越政治智慧、强烈使命担当，“我将无我，不负人民”的赤子情怀，应时代之变迁、领时代之先声、立时代之潮流的领袖气度。应该说，植根于中国特色社会主义新时代，坚持理论创新和实践探索相统一，彰显了习近平新时代中国特色社会主义思想的独特思想魅力和强大实践引领力。

在理论创新与实践创新的紧密互动中坚持和发展马克思主义，是推动马克思主义中国化时代化大众化的基本规律；从理论与实践的紧密结合上学好、用好、讲好习近平新时代中国特色社会主义思想，是我们坚持和发展当代中国马克思主义、21 世纪马克思主义的重要遵循。近年来，全国党校（行政学院）系统把学习研究宣传习近平新时代中国特色社会主义思想作为重中之重，在推进这一思想“进教材、进课堂、进头脑”上做了卓有成效的努力，得到了广大学员和社会各方面的普遍好评。如何往“深”里钻、往“透”里讲，引导党员干部在学懂、弄通、做实上再往前迈进一步？一个重要方面，还是要从理论与实践相结合上多努力、下功夫。从当前看，有两个方面的问题特别值得我们重视。

第一个问题，深入研究习近平新时代中国特色社会主义思想重大历史意义，特别是原创性贡献。

理论的价值在于原创性，原创性贡献越大则历史作用就会越深远。这对于我们深入学习贯彻习近平新时代中国特色社会主义思想，是一个至关重要的问题。

我们说，形成党的理论创新成果，实现了党的指导思想的与时俱进，重要的体现是什么？就是在紧跟时代中实现了理论上的创新创造；我们说，要充分认识这一思想的时代意义、理论意义、实践意义、世界意义，意义在哪里？关键是有理论上创新创造价值；我们说，增强贯彻落实创新理论的政治自觉、思想自觉、行动自觉，前提也是要真正弄清这一思想的原创性贡献。

“善学者尽其理，善行者究其难。”理论的原创性，不是指一般的看法、办法和措施，更多的是指对事物发展变化的规律性或本质性的新揭示，是指具有长远和全局意义的思想理念和战略举措的新创造，从而在社会历史进程中发挥引领作用。习近平新时代中国特色社会主义思想，贯穿着许多新视角、新范畴、新的分析框架，打破了惯常的视野局限、思维局限与理论局限，既有对马克思主义基本原理的进一步揭示，又有关于当今时代问题的新思想新观点，既有对社会主义理论基本范畴的丰富，又有对一些重要思想观点内涵的拓展，说出了很多前人没有说过的“新话”，阐明了很多前人没有阐明的道理，提出了许多前人没有提出的战略之举。

对习近平新时代中国特色社会主义思想的原创性贡献，思想理论界作了不少研究阐释。有的从马克思主义三大组成部分角度来阐述，即阐明对马克思主义哲学、政治经济学、科学社会主义方面的贡献；有的从中国特色社会主义理论体系的基本框架角度来阐述，即阐明这一思想在揭示社会主义本质特征、目标追求、发展动力等方面的贡献；有的从现代化发展战略的角度来阐述，包括阐明在战略目标、战略路径、战略布局等方面的贡献。所有这些，都对我们有重要的启示意义。

如果从政治与学理的结合上把握这一思想的原创性贡献，“三大规律”是很好的切入视角。为什么是一个好视角？从字面上讲容易理解：共产党执政规律、社会主义建设规律、人类社会发展规律，是一个层层递进、逐步深入的思路；从更深层面来思考，在坚持和发展中国特色社会主义的过程中，无论是在理论上，还是在实践上，我们党遇到的最经常、最集中的问题，就是这“三大规律”的问题。党的十九大报告也指出，“以全新的视野”深化了对“三大规律”的认识，在此基础上形成了习近平新时代中国特色社会主义思想。

第二个问题，深入研究习近平新时代中国特色社会主义思想的基本内涵，特别是系统化的理论体系。

任何一种思想学说都有一定的系统性。作为马克思主义中国化最新成果的习近平新时代中国特色社会主义思想，同样具有系统化的鲜明特征。从党的历史进程看，每一次重大理论创新成果的确立，每一次指导思想的与时俱进，都是在系统回答时代课题中实现的，也是以系统化的思想观点来呈现的。

比如，关于毛泽东思想，党的历史上有两次集中的阐述。第一次，是党的七大上刘少奇在修改党章的报告中的阐述，强调毛泽东思想是“中国人民完整的革命建国理论”。第二次，是 1981 年 6 月党的十一届六中全会审议通过《关于建国以来党的若干历史问题的决议》，对毛泽东思想独创性贡献作出集中概括，强调“它在土地革命战争后期和抗日战争时期得到系统总结和多方面展开而达到成熟，在解放战争时期和中华人民共和国成立以后继续得到发展”，同时系统阐述了其“6 个关于”和“3 个灵魂”的内涵。

比如，关于邓小平理论，实际上也有两次集中的阐述。第一次是党的十四大，当时的提法是“建设有中国特色社会主义的理论”，指出这个理论第一次比较系统地初步回答了如何建设社会主义、如何巩固和发展社会主义的一系列基本问题。第二次是党的十五大，把“建设有中国特色社会主义的理论”明确概括为“邓小平理论”，又一次强调这一理论抓住“什么是社会主义、怎样建设社会主义”这个根本问题，“第一次比较系统地初步回答了中国社会主义”的一系列基本问题。

习近平新时代中国特色社会主义思想，作为马克思主义中国化的最新成果，也有其内在的系统性。党中央印发的《习近平新时代中国特色社会主义思想学习纲要》（以下简称《学习纲要》）不仅强调习近平新时代中国特色社会主义思想“体系严整、逻辑严密、内涵丰富、博大精深”，而且围绕党的十九大报告特别是“八个明确”“十四个坚持”的核心内容进行了更为逻辑化、系统化的阐述，这也是《学习纲要》的一个突出贡献。

我们可以结合研读《学习纲要》，对习近平新时代中国特色社会主义思想的科学体系做进一步的研究，包括这一思想的历史方位；包括坚持和发展中国特色社会主义的方向目标；包括坚持和发展中国特色社会主义的根本立场和领导力量；包括坚持和发展中国特色社会主义的总体布局、战略布局和战略安排；包括坚持和发展中国特色社会主义各个领域的理念思路和大政方针；包括贯穿这一思想的马克思主义世界观和方法论等，都值得我们深入研究探讨。

这次会议，同时是第四届全国党校系统马克思主义学院教学科研座谈会。前三届，各位专家、代表围绕马克思主义学院教学科研提出了一些真知灼见，很好地推动了工作的展开。这里，我想从工作层面，就进一步做好马克思主义学院教学科研工作提几点要求。

第一，切实加强党校系统马克思主义学院（学科）建设。2016年12月，我们在第二届全国党校系统马克思主义理论教学科研座谈会上说过，如果要说党校工作的“四梁八柱”，那么马克思主义理论教学科研就是“第一根梁，第一根柱”。加强马克思主义学院工作，就是要加强马克思主义学科建设，围绕“马克思主义”这条主线搞好教学科研，将“源头”和“潮头”结合起来。我们既要加强对马克思主义基本原理、马克思恩格斯等经典作家思想即“源头”的研究，又要加强对马克思主义中国化尤其是最新理论成果——习近平新时代中国特色社会主义思想即“潮头”的研究。我们既要坚持“老祖宗”，又要发展“老祖宗”，还要讲“老祖宗”没有讲过的新话。

第二，深入推进党校系统马克思主义学院（学科）的协同创新。我们要广泛交流，集思广益，探讨马院之间的交流平台、合作机制。比如，搭建教学擂台。大家可以围绕马院承担的经典著作导读或专题课程进行集体备课和集体评课，共同推进教学管理与教学方法创新；可以围绕打造精品课程进行集体攻关。比如，搭建传播平台。党校系统马院要进一步加强学术互动，形成有特色的学术交流平台和品牌；集体合作撰写发表具有全局性和战略性意义的马克思主义研究报告，打造马克思主义研究权威的理论发布平台。再如，搭建交流合作舞台。加强党校系统马院教师的交流互访以及共同合作，更好地为教师提供各种舞台，提升教师在全国马克思主义理论界的能见度、知名度、美誉度。2015年12月，习近平总书记在全国党校工作会议讲话中明确提出：“要在研究上多下功夫，多搞‘集成’和‘总装’，多搞‘自主创新’和‘综合创新’，为建设具有中国特色、中国风格、中国气派的哲学社会科学体系作出贡献。”党校系统马院要进一步推进资源整合，强化力量协同，形成相得益彰、共生多赢的良好发展态势，不断提升党校系统马克思主义理论教学科研工作的学科引领力、社会影响力和学术团队凝聚力。

第三，充分发挥党校马克思主义学院（学科）在思想理论领域的引领作用。何毅亭同志曾在中央党校马克思主义学院成立大会上讲过“三个一流”和“三个走在前列”。这实际上就是马院的目标、使命。“一流的马克思主义思想阵地”、“在加强思想理论引领、构建中国特色话语体系方面走在前列”，是这一目标、使命的重要内容。马院的各位专家学者要走出书斋、走出课堂，积极主动关注思想理论领域的重大问题，在重大事件重大节点上发出声音，在坚守重大政治原则和大是大非等重大问题上亮出观点，在守住思想舆论领域红色主阵地，压缩负面黑色地带，争取灰色地带重大时段上体现担当、敢于发声。只有这样，我们才能不断提升马院的学术引领力、社会影响力、平台辐射力。

第四，注重培养壮大党校系统马克思主义理论人才队伍。我们要牢固树立人才强院意识，切实尊重学术发展规律和人才成长规律，打造一支忠诚党的事业、坚守人民立场、有学术影响力的人才队伍。我们要坚持德才兼备原则和生产力标准，创造有利于人才成长的环境和氛围。我们要加大人才培养和引进力度，通过培养与引进相结合的方式，着力培养具有全国影响、在马克思主义理论研究方面有深厚造诣的学术名师和学科带头人。我们还要加大青年教师培养力度，注重资源向青年教师倾斜，注重加强名师大家、学科负责人与青年教师的结对，注重扶持青年教师研究团队，尽快让青年教师脱颖而出、担当大任。

丛书出版前言

马克思主义深刻改变了世界，也深刻改变了中国。在马克思主义指导下，中国共产党人带领中国人民历经艰苦卓绝的奋斗，创建了中华人民共和国。新中国成立 70 年来，中华民族历经站起来、富起来到强起来的伟大飞跃，我们比历史上任何时期都更接近、更有信心和能力实现中华民族伟大复兴的目标，比历史上任何时期都更具坚定走中国特色社会主义的道路自信、理论自信、制度自信、文化自信。

新组建的中共中央党校（国家行政学院）是党中央培训全国高中级领导干部和优秀中青年干部的学校，是研究宣传习近平新时代中国特色社会主义思想、推进党的思想理论建设的重要阵地，是党和国家哲学社会科学研究机构和中国特色新型高端智库，是党中央直属事业单位。站在新的历史起点，分管日常工作的副校（院）长何毅亭同志提出，经过五年左右乃至再长一些时间的努力，把中共中央党校（国家行政学院）建设成为党内外公认的、具有相当国际影响力的中国共产党名副其实的最高学府，建设成为在党的思想理论建设特别是研究宣传习近平新时代中国特色社会主义思想上不断开拓创新、走在前列的思想理论高地，建设成为英才荟萃、名师辈出、“马”字号和“党”字号学科乃至其他一些学科的学术水准在全国明显处于领先地位的社科学术殿堂，建设成为对党和国家重大问题研究和决策提供高质量咨询参考作用的国家知名高端智库。中共中央党校（国家行政学院）马克思主义学院是党中央批准成立的。2015 年 12 月 14 日，习近平总书记在全国党校工作会议上强调："中央批准中央党校成立马克思主义学院，就是坚持党校姓'马'姓'共'之举。"习近平总书记的重要讲话和中共中央党校（国家行政学院）"四个建成"目标的提出，为我们建设好马克思主义学院指明了方向。

为了向新中国70华诞献礼，展示中共中央党校（国家行政学院）马克思主义学院政治过硬、理论自觉、本领高强、作风优良、建功立业党校人的学术风范和最新研究成果，学好用好习近平新时代中国特色社会主义思想，推动中共中央党校（国家行政学院）马克思主义学院建成一流的马克思主义教学基地、一流的马克思主义研究高地、一流的马克思主义思想阵地，努力在国内乃至国际上产生重要的政治影响力、学术影响力和社会影响力，我们编辑出版了"马克思主义理论研究丛书"。首批丛书共11册，包括《探求中国道路密码》《对外开放与中国经济发展》《国家治理现代化的唯物史观基础》《中国道路的哲学自觉》《历史唯物主义的"名"与"实"》《马克思主义中国化的理论逻辑》《发展：在人与自然之间》《马克思主义基本原理若干问题研究》《马克思人学的存在论阐释》《新时代中国特色新型城镇化道路》《比较视野下的中国道路》。以后，我们还会陆续编辑，择时分批出版。

本丛书的编辑出版得到中共中央党校（国家行政学院）分管日常工作的副校（院）长何毅亭和副校（院）长甄占民的大力支持，并同意将他们在"中央党校马克思主义学院成立大会"上的讲话和在"马克思主义理论创新与新中国70年成功实践暨第四届全国党校系统马克思主义学院教学科研座谈会"上的讲话作为丛书的序言。社会科学文献出版社社长谢寿光、该社社会政法分社总编辑曹义恒及各本书的编辑也为丛书出版做出了重要贡献。在此一并感谢。由于我们的水平有限，错误之处在所难免，请广大读者批评指正。

丛书编委会

2019年7月28日

目 录

人是迄今所知宇宙中唯一的文明之光，是大自然造化的智慧精灵，自然界是人类之母，人类是大自然之子。尽管人类可以如孙悟空般“呼风唤雨”“上天入地”，但人类一系列威武雄壮的“历史话剧”只能在大自然提供的“舞台”上演，人类纵使有“流浪地球”的“神力”，也逃脱不出大自然如来佛般的“掌心”。人类唯一的选择，就是要和大自然和谐相处，建立起共生共荣的人与自然的生命共同体，走可持续发展之路。

前言

从“公地悲剧”谈起

关于生态危机发生和加剧的深层原因，“公地悲剧”理论应该是一种很有说服力的分析框架。“公地悲剧”是英国学者哈丁于 1968 年提出来的。众所周知，人们赖以生存的众多自然资源如荒地、草场、水域、矿山、森林等具有“公地”性质，即某一特定的人群都是“公地”的所有者和使用者。这样，人们一般会采用两种不同的心态来对待“公地”：其一，“不用白不用，用了也白用”（指只受益不担责）的心态；其二，“反正是公地，我不用别人也会用”（自我中心）的心态。正是在这两种心态的支配下，人们往往会以自我利益最大化的方式来“化公为私”，直到“公地”被彻底破坏从而导致“公地悲剧”的发生。当然，“公地”之所以产生“悲剧”，还有一个重要原因就是公地具有稀缺性。随着生产的不断发展、生活水平的不断提升和人口的不断增长，人类赖以生存的一些重要自然资源日趋短缺，为了抢占有限的资源，或者说唯恐别人多占而自己少占，相当多的社会成员往往以不当的手段最大化地抢夺、占有本已稀缺的资源，从而导致资源开发利用的无序化现象，加重了生态危机。可见，“公地”所具有的公共性、稀缺性等特点，是造成其“悲剧”及加重生态危机的重要原因。

非常不幸的是，“公地悲剧”在我们的身边大量而经常地上演着，我们每个人可能既是“公地悲剧”的制造者，又是“公地悲剧”的受害者。例如，我国北京等地前些年（当然也包括现在）出现了严重的“雾霾天”现象。造成这一现象的原因是多方面的，但其中有一个重要原因不容忽视，就是有着2000多万常住人口的北京市，汽车拥有量超过600万辆。这么多的汽车所排放的尾气无疑加重了北京的空气污染。然而令人无奈的是，对“雾霾天”的厌恶甚至恐惧，并不能遏制具有购买实力的人想买车的欲望。面对空气和道路等“公地”，买车人可能会这样想：其一，我不买别人也会买，这样，即使我不买也不会减轻北京的空气污染程度；其二，买车是一种利己行为，虽然可能会加重空气的污染程度，但空气是大家的，又不是我一个人呼吸，为何我不买呢？基于这样的认识，买车人最后基本都选择了买车的自利行为。在我们身边，可能很少有人会基于买车能加重空气污染的顾虑而取消买车行为。对于政府采取的“摇号”“限行”等举措，不少人都是有微词或怨言的。这样，在越来越多的具有私利性质的买车行为的影响下，具有“公地”性质的空气被污染，道路被挤占得不成样子了。尽管开车是部分人的行为，但受到污染的空气所具有的公共性，同时也赋予了污染危害的公共性，即空气污染之害一定会播撒到每个人的头上，当然也包括那些“无辜”者的头上。这种现象正是人们在“公地”面前的一种集体自杀或集体堕落的现象，换言之，“公地悲剧”最后一定是整个人类的“集体悲剧”。

那么，如何抑制破坏“公地”的私利行为呢？有两种现实的做法：其一，在可怕后果的“前景”反馈下，由政府等出面，强制遏制人们的私利行为，把危害减少到最低限度或人们能接受的程度，这是一种主动的做法。但这种做法一定会引起一些人的反对和不满。其二，任由人们“集体堕落”，最后在可怕后果的“打击”下，如伴随着空气的污染而出现了较高或很高的发病率和死亡率，人们要么被迫抑制相关的私利行为，要么呼吁政府或某一社会组织出面采取限制措施以拯救环境，这是一种被动的做法。但令人深感忧虑的是，当今世界，人们在环境问题上普遍采取了这种被动的即“见了棺材才落泪”“撞了南墙才回头”的做法。然而铁的规律一直在敲打着人们利令智昏的头脑：你怎样对待环境，环境就会怎样对待你！

在当今人类的发展中，还存在一个普遍的现象，这就是“四个越来越”的现象。所谓“四个越来越”，是指“人口越来越多”，而越来越多的人口都想过上“越来越好的生活”，结果导致“越来越严重的生态环境问题”，并使“越来越多‘无辜’的人”也深受其害。这“四个越来越”的现象，不仅北京有，全中国有，而且在全世界也普遍存在。

以北京市为例。首先，尽管2017年，北京的常住人口17年来首次实现了负增长，并且在2018年出现了第二次负增长，但目前北京仍有2100多万的常住人口。事实上，从2000年到2011年的11年间，北京市人口增加了637万人，是前一个10年所增人口数量的两倍多。其次，越来越多的北京人想过上越来越好的生活。以标志人的生活水平的提升的小汽车拥有量为例，截至2018年末，北京市机动车保有量为608.4万辆，虽然增速放缓，但仍比2017年末增加了17.5万辆。再次，越来越多的人的生活水平的不断提升，势必给脆弱的生态环境造成越来越大的冲击。目前，北京的人口规模已经超过了北京环境资源的承载极限，致使一些自然资源和生活资料的供应常年紧张，尤其是水资源短缺已经达到了十分严重的程度。人口众多特别是人们生活水平的不断提高，使得北京的生活垃圾大增，目前北京深陷“垃圾围城”的窘境。最后，越来越糟糕的生态环境必然将其危害降临到每个人的头上，致使越来越多的人深受其害。2001年至2010年，北京市肺癌的发病率增长了56%，全市新发癌症患者中有1/5为肺癌患者。虽然癌症包括肺癌发生的原因比较复杂，但严重的空气污染绝对是其中不应小觑的因素。

“四个越来越”之间存在内在的因果关系：越来越多的人口和越来越高的生活水平是因，越来越糟糕的生态环境是直接结果，越来越多的人深受其害或日益频繁的自然灾害的“报复”性发生则是次生性的反馈结果。早在20世纪70年代初，罗马俱乐部在其关于人类困境的第一份研究报告《增长的极限》中，就要求人类必须做出这样的选择："当没有利用的可耕地很多时，就可以有更多的人，每个人也可以有更多的粮食。当所有土地都已利用，在更多的人或每人更多的粮食之间权衡就成为绝对的选择。"① 但遗憾的是，整个人类似乎并不打算做这样的选择，依然固执地沿着越来越多的人都要过上越来越好的生活的轨道向前发展，即便生态再脆弱、资源再枯竭、环境再被污染也要"一条道走到黑"，但这样发展下去，人类还有明天吗？写到这里，笔者突然想到了美国环境科学家科马克·卡利南在其所著的《地球正义宣言——荒野法》"第一版前言"中所发的疑问："在我们的超级、科技、数字化、基因工程、全球化、奇异社会等光鲜亮丽的外表之下，我们的地球家园和人性正在颓坏、腐烂。你是否曾经注视过孩子们那明亮、清澈的双眸，并试图解释鲸鱼为何被捕杀、森林为何被焚毁？为何享受阳光浴是危险的，又为何许多小溪都是毒性的？为何现在的青蛙会长有五条腿，为何中东的青少年像发疯了一样参与杀害别的孩子？你是否也曾想过，为何我们大多数人在如此卖力地工作的同时却还有一些人无法就业，又为何极大的满足感和归属感是如此的飘忽不定？"②

总之，"四个越来越"的发展现象充分说明了：其一，在人天之间，存在一荣俱荣、一损俱损的互为影响的密切关系。生态兴则文明兴，生态衰则文明衰。诚如习近平总书记所指出的："当人类合理利用、友好保护自然时，自然的回报常常是慷慨的；当人类无序开发、粗暴掠夺自然时，自然的惩罚必然是无情的。"③ 可见，人类善待环境其实就是善待自己！其二，"人与自然是生命共同体。生态环境没有替代品，用之不觉，失之难存。'天地与我并生，而万物与我

① 〔美〕丹尼斯·米都斯等：《增长的极限——罗马俱乐部关于人类困境的报告》，李宝恒译，吉林人民出版社，1997，第56页。

② 〔美〕科马克·卡利南：《地球正义宣言——荒野法》，郭武译，商务印书馆，2017，"第一版前言"第12页。

③ 习近平：《推动我国生态文明建设迈上新台阶》，《求是》2019年第3期。

为一’”[①]。因此，我们要想走出“四个越来越”的恶性循环，就必须在对人的生产和生活进行规范约束即在进行生态化改造的基础上积极构建人与自然的生命共同体，追求一种绿色的可持续的发展，通过对前两个“越来越”的有效抑制，以缓解或消除后两个“越来越”的后果。

① 习近平：《推动我国生态文明建设迈上新台阶》，《求是》2019年第3期。

第一章
可持续发展视域中的人与自然生命共同体

自“人猿相揖别”，人类社会的进化有数百万年的历史了。在最初的阶段，人类以天然的树枝为“拐杖”，并以半猿半人的形态，蹒跚在水草茂盛的原野上；当“几个石头磨过”的时候，真正的人诞生了，于是，人类手持着制造的工具，创造着属于自己的文明。驾驭着物质生产力牵引的历史列车，人类在农业文明的田野里耕耘，在工业文明的城市里锻造，在信息文明的键盘上敲打，现在，人类又在生态文明的绿色里徜徉。在新时代的天空里，中国的发展涂抹上了日益浓重的绿色，这是当今中国发展最为耀眼的底色，13亿多中国人民正是用这种颜色描绘着“中国梦”，装扮着“美丽中国”，擦亮了天空、点亮了星空、秀美了山川，追求着“山峦层林尽染，平原蓝绿交融，城乡鸟语花香”，打造着人与自然的生命共同体，书写着可持续发展的新篇章。

第一节　当今人类发展面临的两大“形而下”问题

从20世纪六七十年代起，国际社会就在想方设法解决人类面临的种种发展问题。学者及政界人士看到了“生活在极限之内”的事实，觉察到了“增长的极限”的危险，发出了“只有一个地球”的呐喊和“地球正义宣言”，表达了“多少算够”的担忧，惊诧于“失控的世界”，要求“以自由看待发展”，主张优化“人类的素质”，呼吁重建“我们共同的未来”，倡导“与地球和平相处”的“生态革命”。但令人深感不安的是，迄今为止，我们所面临的发展问题似乎日益严重了。“世界环境非但没有改善，反而加速恶化。地球接近灾难性状态，不仅是全球变暖问题，许多其他领域也是如此。”① 我们迄今所面临的发展问题除了“形而上”的发展意义的陷落或发展精神的受污（如利欲熏心或利令智昏）等之外，还有两大“形而下”的较为具体的发展问题：一是发展“不够”的问题，二是发展“不和”的问题。

一 发展之“不够”问题

所谓“不够”，是指发展的数量、规模以及水平、质量等还没有达到能满足所有人基本需求的地步。众所周知，“小小寰球”，呈现出了严重贫富不均的景象：一些人锦衣玉食；另一些人则饥寒交迫，“风雨不遮，食不果腹；求告无门，疾病缠身”②。世界银行 2018 年 9 月统计，尽管全球极端贫困人口在过去 25 年间减少了 10 亿多，首次降至 7.5 亿人以下，但脱贫步伐在不同国家和区域内差距很大。目前极端贫困人口主要集中在撒哈拉以南非洲、西亚等区域，生活在这一区域的 80% 的人口每天仍然以不足 1.25 美元的收入艰难维持着生存。最新数据显示，在撒哈拉以南非洲，生活在极端贫困中的人口占总人口的比例：马达加斯加为 82%，布隆迪为 78%，刚果民主共和国为 77%，马拉维为 71%。

二 发展之“不和”问题

某日，有个“外星人”驾驶着光速飞船，被“公派”到地球进

① 〔美〕约·贝·福斯特：《生态革命——与地球和平相处》，刘仁胜、李晶、董慧译，人民出版社，2015，第 34 页。

② 〔英〕拉法尔·卡普林斯基：《夹缝中的全球化：贫困和不平等中的生存与发展》，顾秀林译，知识产权出版社，2008，第 31 页。

行考察。当他徜徉于欧洲大地，看到繁华的街景、奔腾的车流、气派的建筑、穿着入时并使用着名贵电子物品的地球村村民时，会啧啧惊叹于地球文明的高度发达以至于流连忘返。但当他走进在欧洲某地举行的地球气候峰会的会场时，看到气候峰会上地球村里不同的利益方之间激烈的明争暗斗以致没有达成一个具有法律约束力的协议时，特别是后来他又发现那个自诩为地球上最大的民主国家，虽被一些人誉为人类的“灯塔国”，却在其新总统的主导下以“气候变化是个‘骗局’”为由而宣布退出《巴黎气候协定》时，就判断，地球村的繁华是虚假的、暂时的，在高度发达的地球文明的背后，其实隐藏着的是地球村村民自私自利的价值观念和行为方式，而这种自私的或自我中心主义的价值观念和行为取向，必将挑起地球村村民的争斗或不和，也必将重创甚至毁灭地球文明。

所谓“不和”，是指发展中诸多关系的不和谐、不协调。发展的不和具体表现在三个方面：一是“人—人”关系的不和，包括人与人、人与社会、国家与国家、当代人与后代人之间关系的不和；二是“人—天”关系的不和，日趋严重的生态环境问题就是这种不和的具体表现；三是人的“身—心”关系的不和，由此导致人的畸形化、片面化发展的态势。例如，就人与人之间的不和来看，不同人群在收入分配方面存在巨大的差别。“占世界人口1/5的极富人口几乎占了人均消费总量的90%，而12亿人口挣扎在每天不足一美元的困境中。”[①] 据《2018世界不平等报告》公布的数据，截至2016年，欧洲收入前10%的人，赚走了整体国民收入的37%；中国收入前10%的人，赚走了整体国民收入的41%；俄罗斯则为46%；北美（美国，加拿大）是47%；其他金砖国家，诸如印度和巴西，收入前10%的人赚走了整体国民收入的55%；贫富差距最严重的地区是中东，也就是那些靠着石油过日子的产油国，它们的这一数据是61%。国外的发展经济学家曾借用了“交通堵塞”现象来形象地说

① 〔美〕科马克·卡利南：《地球正义宣言——荒野法》，郭武译，商务印书馆，2017，第26页。

明不平等现象的危害性。在两个车道同时堵塞的情况下，如果一个车道的车开始移动，另一个车道的司机首先会感到宽慰，推测他们车道的车也将很快移动。但随着他们的车被困得越久，他们就越有失败感。这个时候，会自然发生这样的现象：那些被困住在车道上的司机们将不得不强行进入另一个可以行驶的车道，但这样就造成两个车道的交通都被扰乱。可见，“如果一部分人长期不能享受经济增长的成果，他们就可能最终寻求方法来阻碍经济发展”①。

发展的两大问题相互依存、相互作用、互为因果。一方面，“不够”可能导致“不和”，因为诚如马克思、恩格斯在《德意志意识形态》中指出的：“在极端贫困的情况下，就必须重新开始争取必需品的斗争，也就是说，全部陈腐的东西又要死灰复燃。”② 另一方面，“不和”又会严重妨碍“不够”问题的解决。当社会陷入内耗、冲突、动荡等“病态”之中的时候，不但会破坏既有的发展成果，而且会阻碍新的发展成果的创造，进而严重影响社会的全面协调可持续发展。

那么，该如何同时解决发展的“不够”与“不和”的问题呢？这需要从转变发展模式入手，具体而言，要实现由互害型发展向互利型发展的转变。在人与人之间要实现具有公平性的包容性发展，在人的身心之间要实现具有和谐性的全面自由发展，在人与自然之间通过建构人与自然的生命共同体以实现具有协调性的可持续发展。

第二节　可持续发展的兴起及其含义

发展是时代的主题，是中国人民的“硬道理”。围绕着这个主题和硬道理，我们至少在理论观念上“设计”或“策划”了诸多的发展形式，主要有创新发展、协调发展、绿色发展、开放发展、共享发展以及可持续发展、全面发展、包容性发展、低代价发展、整体

---

① 世界银行“增长与发展委员会”编《增长报告——可持续增长和包容性发展的战略》，孙芙蓉等译，中国金融出版社，2008，第50～51页。

② 《马克思恩格斯全集》第3卷，人民出版社，2016，第39页。

性发展等。这诸多的发展形式是从不同角度对人们发展愿望的表达和对发展问题的正视。在上述诸种具体的发展形态中，较早引起学界、政界及社会大众高度关注和热烈讨论的当属可持续发展了。

一 可持续发展：关注→理论→实践

在二三百万年前，当人类通过制造工具而告别了猿人阶段之后，就开始了社会历史的运动。换言之，自人猿相揖别以来，人类社会的持续发展，就如同日月经天、江河行地一样客观自然，发展能否“可持续”压根就是一个“杞人忧天”的问题。但当社会历史的列车行驶到人类文明高度发达的今天，竟然出现了可持续发展问题。那么，什么是可持续发展问题呢？简单说，可持续发展是针对有可能中断人类历史的进程，使人类不可能继续生存和发展下去的问题而提出的。这个问题主要关注的是生态环境问题。“自然资源的日益减少，当然是使人类怀疑地球还有多大能力继续维持未来文明的一个主要原因。”① 正是围绕着对生态环境问题的关注和思索，可持续发展才逐渐走进了人们的视野，并日渐成为当今全世界高度关注的重大理论和实践话题。

总体上讲，可持续发展作为一种思想萌芽于1972年，作为一个概念正式提出于1980年，作为一种发展观正式形成于1987年，作为一种实践浪潮正式起始于1992年。但在此前，人们并没有放弃对自然价值及人与自然之间合理关系问题的思索。早在19世纪中期，美国作家、自然主义者梭罗就在瓦尔登湖畔思考他的整体主义的生态思想。在20世纪初，被誉为“自然保护之父”的美国人缪尔就在“缪尔国家森林公园”思考大自然的权利和人对自然所应承担的责任与义务等问题。到了19世纪60年代，美国海洋生物学家蕾切尔·卡逊在《寂静的春天》里对人“控制自然”发出了质问。1972年，

① 〔美〕芭芭拉·沃德、勒内·杜博斯：《只有一个地球——对一个小小行星的关怀和维护》，《国外公害丛书》编委会译校，吉林人民出版社，1997，“前言”第11页。

罗马俱乐部的研究者们在高增长、高消费的“黄金时代”看到了“增长的极限”的危险，并要求当代人类必须做出这样的“绝对选择”：“是否应当有更多的人或者更多的财富？更多的荒地或者更多的汽车？给穷人更多的粮食，或者给富人更多的服务？”[①] 1972 年 6 月，联合国在瑞典斯德哥尔摩召开了第一次人类环境会议，并通过了具有深远意义的《人类环境宣言》，强调了保护和改善人类生存环境的重要性。在为大会所提交的基调报告《只有一个地球》中，表达了这样的思想：“联合国对这次会议的要求，显然是要确定我们应该干些什么，才能保持地球不仅成为现在适合人类生活的场所，而且将来也适合子孙后代居住。”[②] 自此开始了可持续发展理论逐步清晰化、系统化的过程。

可持续发展（Sustainable Development）作为一个明确的概念，是在 1980 年由国际自然资源保护联合会、联合国环境规划署和世界自然基金会共同出版的文件《世界自然保护战略：为了可持续发展的生存资源保护》中首次出现的。该文件指出：“持续发展依赖于对地球的关心，除非地球上的土壤和生产力得到保护，否则人类的未来是危险的。”1981 年，美国农业科学家莱斯特·R. 布朗出版了其名著《建设一个持续发展的社会》（*Building a Sustainable Development Society*），第一次对可持续发展的思想做了较为系统的阐述。该书引用了“联合国环境方案”中一句寓意深刻的话：“我们不是继承父辈的地球，而是借用了儿孙的地球。”告诫人们要通过高度关注人口、环境等问题而关心子孙后代的利益。而对可持续发展思想的形成起到关键作用的是《我们共同的未来》的研究报告。1983 年 12 月，联合国成立了世界环境与发展委员会，其任务是负责“制定全球范围的变革日程，包括提出到 2000 年乃至以后持续发展的长期环

---

① 〔美〕丹尼斯·米都斯等：《增长的极限——罗马俱乐部关于人类困境的报告》，李宝恒译，吉林人民出版社，1997，第 140 页。

② 〔美〕芭芭拉·沃德、勒内·杜博斯：《只有一个地球——对一个小小行星的关怀和维护》，《国外公害丛书》编委会译校，吉林人民出版社，1997，“前言”第 11 页。

境对策，并确定世界社会的发展目标”。1987 年该委员会完成了《我们共同的未来》的研究报告，报告对可持续发展的含义、战略任务、制约因素以及行动要求等做了明晰而深刻的分析与规定，标志着可持续发展理论的正式形成。1992 年 6 月，为纪念斯德哥尔摩第一次人类环境会议召开 20 周年，联合国在巴西里约热内卢召开了第二次人类环境会议。大会通过了《关于环境与发展的里约热内卢宣言》和《21 世纪议程》等重要文件，要求把环境问题与经济、社会发展结合起来，树立环境与发展相互协调的观点，特别要求把可持续发展理论变为世界各国的行动纲领，从而形成了人类走向未来的发展战略。以此次会议为标志，人类在实践行动方面开始跨进一个绿色的可持续发展新时代。

推进经济社会的可持续发展也引起了中国政府和人民的高度关注。1995 年 9 月，江泽民同志在中共十四届五中全会的讲话中提出："在现代化建设中，必须把实现可持续发展作为一个重大战略。"[①] 1996 年 3 月，八届全国人大四次会议批准的《中华人民共和国国民经济和社会发展“九五”计划和 2010 年远景目标纲要》，把可持续发展视为一条重要的指导方针和战略目标，并明确做出了中国今后在经济和社会发展中实施可持续发展战略的重大决策。2007 年 10 月，党的十七大报告再次强调，要“更好实施科教兴国战略、人才强国战略、可持续发展战略，着力把握发展规律、创新发展理念、转变发展方式、破解发展难题，提高发展质量和效益，实现又好又快发展，为发展中国特色社会主义打下坚实基础”[②]。进入新时代以来，我们“坚持人与自然和谐共生”[③]，强调“建设生态文明是中华民族永续发展的千年大计”[④]，要求“必须树立和践行绿水青山就是

① 《江泽民文选》第 1 卷，人民出版社，2006，第 463 页。

② 《中国共产党第十七次全国代表大会文件汇编》，人民出版社，2007，第 15 页。

③ 习近平：《决胜全面建成小康社会，夺取新时代中国特色社会主义伟大胜利》，人民出版社，2017，第 23 页。

④ 习近平：《决胜全面建成小康社会，夺取新时代中国特色社会主义伟大胜利》，人民出版社，2017，第 23 页。

金山银山的理念”[1]，把追求可持续发展的行动推向了新的高度。2016 年 9 月 3 日，在二十国集团工商峰会（B20 峰会）开幕式上的主旨演讲中，习近平表示，中国将毫不动摇实施可持续发展战略，坚持绿色低碳循环发展，坚持节约资源和保护环境的基本国策。这是中国在新的发展形势下对世界所做的郑重承诺。

二 可持续发展的含义和特征

何谓可持续发展？《我们共同的未来》曾给可持续发展下了这样一个定义：“可持续发展是既满足当代人的需要，又不对后代人满足其需要的能力构成危害的发展。”[2] 在国内，也有类似的定义：“可持续发展，就是既要考虑当前发展的需要，又要考虑未来发展的需要，不要以牺牲后代人的利益为代价来满足当代人的利益。”[3]

根据可持续发展的定义特别是可持续发展的问题可知，可持续发展具有三个基本特征：核心或价值趋向是代际公正性；基础或前提是人天和谐性；形式或表现是发展持续性。代际公正性表达的是一种代际公平性的理念，即要在代际公平地分配资源和利益，而不允许出现随着世代的发展“资源量”和“利益量”递减的情况。罗尔斯提出了“正义的储存原则”。正义储存原则体现了代际的相互理解和伦理关怀。“如果这一原则被遵守的话，就可能产生这样一种情况：即每一代都从前面的世代获得好处，而又为后面的世代尽其公平的一份职责。”[4] 前代为后代“尽其公平的一份职责”，体现在不仅要为后代提供充裕的“社会资源”，而且还要为后代提供或留下优良的或等量的自然环境和自然资源。因此，所谓人天和谐性，是指

① 习近平：《决胜全面建成小康社会，夺取新时代中国特色社会主义伟大胜利》，人民出版社，2017，第 23 页。

② 世界环境与发展委员会：《我们共同的未来》，王之佳、柯金良等译，吉林人民出版社，1997，第 52 页。

③ 《江泽民文选》第 1 卷，人民出版社，2006，第 518 页。

④ 〔美〕约翰·罗尔斯：《正义论》，何怀宏等译，中国社会科学出版社，1988，第 226～227 页。

要实现代际公正性，就必须处理好人与自然的关系，在化解生态危机、使资源环境得以永续利用的基础上来实现代际公正性。而只有实现了代际公正性与人天和谐性的高度统一，才能使发展在形式上表现为持续性或世代演进性，不至于出现“增长的极限”或“后天”式的灾难。有研究者认为，可持续发展具有人本性、整体性等特征。其实，人本性、整体性及客观性、规律性、历史性等是一切发展（传统发展除外）所具有的共性，我们不可能从这些方面将可持续发展与其他形式的发展如包容性发展、全面发展、协调发展、低代价发展等区别开来，尽管这些发展在一些要素或做法上具有一定的重叠性或交叉性，但唯有代际公正性、人天和谐性、发展持续性等特征才是某一发展之为可持续发展的具体的、主要的身份“标志”。

可持续发展既是一种理论，更是一种实践行动。作为一种“理论视窗”，它突出反映或体现了两方面的重大问题：其一，把人类在发展中所面临的资源环境问题以“发展模式”的形式尖锐地展现在人们的面前，使人们看到环境问题已成为社会发展的根本制约性因素；其二，它深刻地反映了可持续发展规律的现实存在，使该规律在可持续发展问题的“压迫”下已从历史的背后走向历史的前台。作为一种实践行动，可持续发展是“一个全球目标”，它要求在“只有一个地球”的必然性基础上，以“世界也只有一个”[①] 的应然性状态共同推进。

第三节　可持续发展要在人与自然生命共同体的“舞台”上演进

作为理论的可持续发展，其实反映的是人与自然之间所应具有的和谐关系；作为实践的可持续发展，所要解决的是在人与自然之间存在的日益恶化的关系问题。可见，可持续发展的提出及其推进，

① 世界环境与发展委员会：《我们共同的未来》，王之佳、柯金良译，吉林人民出版社，1997，第49页。

是在人与自然的相互作用中生成的。

一　人与自然生命共同体的共生品质

人是在大自然的怀抱中诞生的，自从有了人、有了人的运动之后，就有了人与自然的关系。人和自然的关系是人类生存和发展所要面临的基本关系之一。在马克思看来，人是主体，自然是客体，人与自然打交道并把自然变成自己的客体，这是具有客观必然性的。基于人的需要来分析，人和自身的需要具有直接的同一性，即人是一种“需要人”。“在现实世界中，个人有许多需要”[①]，而且“他们的需要即他们的本性”[②]。那么，人们为了满足自身具有天然性的需要，就要进行相应的生产劳动，通过生产劳动来满足人的天然的需要。而人的物质生产活动主要是处理人与自然关系的。人正是通过生产劳动才把自己变成了主体，把自然变成了客体，使自然为自己的生存和发展提供必需的资料。

但人对自然的主体作用具有相对性即有限性而非绝对性即无限性。也就是说，人作用于自然，自然也反作用于人，大自然以其客观规律严格约束着人的所作所为，如果人类违反了自然规律，那么，大自然就会以无情的面孔严厉惩罚人类的不当行为。大自然对于人类的反作用一般表现在正负两方面：正面是指自然界在人的实践作用下为人的生存和发展提供必需的资源和能源，负面是指自然界在人的不当作用下所导致的生态灾害的警告和惩罚。正是在人与自然的相互作用中，逐步形成了人与自然的生命共同体。

一般而言，人与自然生命共同体主要包括三个方面的含义：其一，是指人与自然这两个不同质的子系统在特定时空中所组成的“巨系统”，这种“巨系统”反映了人与自然之间所具有的密不可分的关系。其二，人与自然这两个子系统之间所具有的密切关系是一种相互依存、相互作用、相互转化的关系。所谓相互依存，是指人

① 《马克思恩格斯全集》第3卷，人民出版社，2016，第326页。

② 《马克思恩格斯全集》第3卷，人民出版社，2016，第514页。

离不开自然。最大的“自然”就是地球本身，没有我们脚下的这个“小小寰球”，人类连诞生都不可能；同样，在存在人的因素及其作用的情况下，自然的完整存在及其健全发展，也离不开人，宇宙星空在演化中形成了地球、创造了人类和其他生命，而有了人的宇宙自然是幸运的，因为正是有人这一作为高级生命的主体在认识着它的宏大、在观赏着它的美丽、在破解着它的秘密，人是宇宙的“精灵”，而没有了人的宇宙自然只能是一种纯粹的自在性的存在，无所谓价值和意义。“也许，我们在宇宙中是孤独的，而人类是这个广袤宇宙现在和未来所拥有的唯一自我觉醒之光。”“在任何情况下，我们都不应忘记这一点：生命是存在的，我们就是最好的例证。”[①] 所谓相互作用，是指人通过认识和实践作用于自然，自然也反作用于人类。所谓相互转化，是指人趋近于自然，使人自然化、主体客体化、主观客观化；自然趋于人，使自然主体化、客观主观化。其三，人与自然在相互作用中只能走向共生、共荣，绝非你死我活或两败俱伤。

人与自然生命共同体是我们认识和处理人与自然关系的新的世界观和方法论，它超越了认识人与自然作用关系的二元对立的思维方式：其一，它一改以往人们主要从人的角度认识自然、改造自然的看法，而主要从人与自然相互依存的角度认识人与自然的关系并从事实践活动；其二，它一改以往人们把人与自然的关系主要看成一种人对自然的改造和征服的关系，而主要把它们之间的关系视为相互依存、平等互利、共生共荣的既对立又统一的关系。可见，人与自然生命共同体包含新的共生性的世界观、价值观和方法论意义。这种新的共生性的品质主要表现为这样几种特性：共存性、共和性、共利性和共荣性。所谓共存性，是从空间结构的角度对人与自然之间客观存在的共存关系的反映或把握。人与自然之间既然是一种共存的模式，那么它们之间的关系应当是和谐的，从共存必然要引出

① 〔巴拿马〕豪尔赫·陈、〔美〕丹尼尔·怀特森：《一想到还有95%的问题留给人类，我就放心了》，苟利军、张晓佳、郝小楠等译，北京联合出版公司，2018，第297页。

共和，如果人与自然之间关系不和谐，那么势必会影响到共存。因而，共和性表征着人与自然之间应有的关系状态，即这种关系必须是和谐或协调的。所谓共利性是从实质性的角度或价值态的角度对人与自然之间共生关系的一种把握。人与自然存在的状态具有共存性，这种共存性要求人与自然之间要有一种和谐关系，但这种和谐关系主要具有表象的意义，就人与自然之间共存关系的实质来看，它们其实是一种共利关系，即人与自然之间是互利互惠的关系。共利性要求人们在处理人与自然关系时，不能采取损自然以利人的态度和做法，否则就违背了人与自然之间的共利性要求或原则。就共利性关系看来，互利则共生，互损则俱灭。“共生”的方法不是一方消灭一方、一方打倒一方的单一法、唯一法，而是“万物并育而不相害，道并行而不相悖”的互补法、双赢法。人与自然之间的共存不是静态的而是动态的，或者说人与自然之间的共利性要达到什么样的目的呢？这就是共荣、共进即共同繁荣、共同进步。因而，共荣性是从目的或目标的角度对人与自然之间共存性关系的一种把握，它要求人们要着眼于人与自然之间的协调发展即可持续发展。

二　构建人与自然生命共同体必须推行可持续发展

人与自然之间的关系在人类发展的不同时期有着不同的表现。渔猎文明时期，由于是人类文明的初始，在人与自然的相互作用中，人类处于弱势的一方，被动适应、艰难维生；在农业文明特别是工业文明时期，随着人类生产力的进步和科学技术的引领，在人与自然的相互作用中，人类逐步处于强势的一方，上九天揽月、下五洋捉鳖，战天斗地、凯歌高进，结果却造成日益严重的生态危机。“伴随着人类社会的发展和进步，我们的文明已经开始呈现出一种不可持续发展的状态。”[①] 1992 年，超过 1500 名科学家，包括当时健在的大多数诺贝尔奖获得者，联名签署了由忧思科学家联盟（UCS）

① 〔美〕格雷姆·泰勒：《地球危机》，赵娟娟译，海南出版社，2010，“引言”第6页。

发表的文章《世界科学家对人类的警告》，呼吁重视全球环境问题。然而二十多年来，尽管在有些领域取得了一些进展，但许多环境问题没有解决，且有恶化趋势。于是 2017 年，来自 184 个国家的 15000 多名科学家对人类又发出了第二次警告。警告称，25 年来，全球人均可用淡水量减少了 26%，哺乳动物、爬行动物、两栖动物、鸟类和鱼类的数量减少了 29%，全球人口增长了 35%，林地损失近 3 亿英亩，海洋死亡区的数量增加了 75%。此外，每年野生鱼类捕获量下降，全球碳排放量和平均气温持续上升。所有这些问题将严重危害人类福祉。在一些学者看来，当前，在世界范围内，“水资源短缺和全球变暖是最严重的两个问题”[①]。2018 年 10 月，联合国政府间气候变化专门委员会（IPCC）就甩出了一个重磅警告：全球升温幅度必须控制在 1.5 摄氏度之内，否则地球在 2030 年之后会迎来毁灭性气候。简而言之，地球留给我们人类的时间可能只有短短 12 年了。且不说这个结论是否准确，全球气温和海平面的升高则是不争的事实。“高温将会带来灾难性的后果。地球上的多数地区将不再适合人类居住，今天存活的大多数物种将不复存在。而人类的先进文明在这种‘高温’条件下几乎行将消失。”[②] 总之，“世界可持续发展首脑会议没有促成任何能够停止或扭转地球人为退化的新策略或新方法，国际社会也没有从 2002 年开始采取任何措施。面对 21 世纪的诸多重大挑战，国际治理制度的不充分一目了然，其中之一就是于 2009 年 12 月在哥本哈根召开的联合国气候变化框架公约第 15 次缔约方会议的失败。此次会议致力于形成一项全世界如何应对气候变化的协议。事实上，联合国气候变化框架公约的未来进程本身正身处险境，且一项新的气候变化国际协议在京都议定书 2012 年到期之前未必是有用的”[③]。

---

① 〔英〕纳菲兹·摩萨迪克·艾哈迈德：《文明的危机》，谭春霞译，新华出版社，2012，第 61 页。

② 〔美〕格雷姆·泰勒：《地球危机》，赵娟娟译，海南出版社，2010，第 28 页。

③ 〔美〕科马克·卡利南：《地球正义宣言——荒野法》，郭武译，商务印书馆，2017，“第二版前言”第 4 页。

日益严重的生态危机在形式上揭示了人与自然关系的恶化性，在后果上预示着人类发展的“断代性”即不可持续性。因此，为了克服严重的生态危机，挽救人类的未来，当务之急，就是要以一种共生主义的理念重新思考人与自然的关系，积极构建人与自然的“生命共同体”，通过对人类自身行为的约束而将人与自然之间的关系调整到一种和谐稳定的状态。为此就要改变以往不可持续的发展模式，走一条可持续发展之路。人与自然生命共同体和可持续发展之间存在高度的契合性。当人与自然之间不是“生命共同体”而是“生命对立体”的时候，人类的发展当然没有安全性和未来性可言，而要实现人与自然之间由“生命对立体”向“生命共同体”的转变，就要实施可持续发展，通过这种发展模式在有效解决环境问题的基础上支撑起人类的永续发展。须知，我们所身处的环境、我们使用的资源、我们脚下独一无二的星球，既是属于我们这一代人的，更是属于我们的子孙后代的；我们既要给子孙后代留下金山银山，更要给他们留下绿水青山，而可持续发展正是我们要实现金山银山和绿水青山相统一的唯一选择。正如习近平总书记所指出的：“中国明确把生态环境保护摆在更加突出的位置。我们既要绿水青山，也要金山银山。宁要绿水青山，不要金山银山，而且绿水青山就是金山银山。我们绝不能以牺牲生态环境为代价换取经济的一时发展。”①

① 习近平：《弘扬人民友谊，共同建设“丝绸之路经济带”》，《人民日报》2013年9月8日。

第二章

马克思主义生态哲学视域中的人与自然生命共同体

当“人猿相揖别”、人类从大自然的“母体”中诞生出来之后，就立刻生成了人与自然的关系——这是人类在生存和发展中所要面对并必须妥善处理的最为重要的关系。人与自然的关系具有辩证性即对立统一性。党的十九大报告提出了“人与自然是生命共同体”①的论断，并要求“坚持人与自然和谐共生”②。这些论断和要求，其实是从统一性的角度对人与自然关系的一种揭示和把握。事实上，马克思、恩格斯的生态哲学思想特别是他们关于人与自然之间具有“同一性”或“一体性”的论述为我们党在新时代提出“人与自然是生命共同体”的论断并实施绿色发展提供了直接的理论依据，并为我们如何构建人与自然“生命共同体”提供了重要的方法论指导。

第一节　主体是人，客体是自然

马克思的哲学具有强烈的实践变革性，而这种实践性是建立在

---

① 习近平：《决胜全面建成小康社会，夺取新时代中国特色社会主义伟大胜利》，人民出版社，2017，第50页。

② 习近平：《决胜全面建成小康社会，夺取新时代中国特色社会主义伟大胜利》，人民出版社，2017，第23页。

人与自然相对立的基础之上的。事实上，马克思早就揭示了人与自然的差异或不同，他明确指出："主体是人，客体是自然。"[①] 作为主体的人和作为客体的自然之间是存在对立性的。这种"对立性"主要表达的是：人类是一种自主和自觉的存在，自然界是一种自在和自发的存在。大自然虽然是人类的"衣食父母"，但它不能现成和主动地提供人类生存和发展所需要的资料。大自然拥有肥沃的土地，但它不能主动生产人类所需要的五谷；大自然拥有各种矿藏，但它不能生产人类所需要的生活资料；大自然拥有洞穴和树荫，但它不能提供人类所需要的房屋。正如马克思所指出的："自然界没有制造出任何机器，没有制造出机车、铁路、电报、走锭精纺机等等。它们是人类劳动的产物。"[②] 还需要指出的是，大自然时常以其暴虐和无常的一面来威胁、损害和阻碍人类的生存与发展。大自然的这种自在性、自发性及其在某些时候、某些方面对人而言的损毁性，就与人类的生存发展形成了对立性。但人绝不会像动物那样仅仅只是适应和利用外部自然界从而过一种天然而本能的动物式"生活"。人之所以是"主体"，自然界之所以是"客体"，关键在于人是通过社会实践特别是生产实践来积极主动地改造利用自然界以满足自己的需要的。恩格斯就指出："人则通过他所作出的改变来使自然界为自己的目的服务，来支配自然界。"[③] 或者说，人类正是在"人化自然"的劳动实践中，通过对自然界的改造变革，使自然界发生人所希望的变化，并在与自然界实现物质和能量的交换中实现自身的生存和发展。

当然，人与自然之间的关系既具有对立性的一面，又具有统一性的一面。这种统一性或曰"和谐共生"性，其实在马克思、恩格斯的生态哲学思想中已有充分的论述。

---

① 《马克思恩格斯文集》第8卷，人民出版社，2009，第9页。

② 《马克思恩格斯全集》第46卷，人民出版社，2016，第219页。

③ 《马克思恩格斯文集》第9卷，人民出版社，2009，第559页。

第二节　人是自然界的一部分

马克思、恩格斯的生态哲学思想集中反映在《1844 年经济学哲学手稿》、《德意志意识形态》、《资本论》特别是《自然辩证法》等著作中。马克思、恩格斯在《德意志意识形态》中就明确提出了自然界和人具有“同一性”的观点。何谓“同一性”？用马克思在《1844 年经济学哲学手稿》中的观点来表述：“人是自然界的一部分”①，“人直接地是自然存在物”②，自然界则“是人的无机的身体”③。用恩格斯在《自然辩证法》中的相关论述来表达：人绝不是站在自然界之外，“相反，我们连同我们的肉、血和头脑都是属于自然界和存在于自然界之中的”④。马克思、恩格斯的这些论断或主张，再明白不过地表达了人与自然之间的“同一性”或统一性关系其实就是一种“共生”关系，换言之，作为“自然界的一部分”的人和作为“人的无机的身体”的自然界之间，就是一种共生共荣的“生命共同体”。

当然，存在于人与自然之间的“生命共同体”并不是抽象和空洞无物的，换言之，马克思、恩格斯关于人与自然之间具有同一性的思想还包括这样一些内容：第一，人是自然界的产物，自然界是人类生存和发展的基础。正如马克思指出的：“没有自然界，没有感性的外部世界，工人什么也不能创造。”⑤ 第二，自然界是人类“一切劳动资料和劳动对象的第一源泉”⑥。恩格斯就曾明确指出：“政治经济学家说：劳动是一切财富的源泉。其实，劳动和自然界在一起才是一切财富的源泉，自然界为劳动提供材料，劳动把材料转变

① 《马克思恩格斯文集》第 1 卷，人民出版社，2009，第 161 页。
② 《马克思恩格斯文集》第 1 卷，人民出版社，2009，第 209 页。
③ 《马克思恩格斯文集》第 1 卷，人民出版社，2009，第 161 页。
④ 《马克思恩格斯文集》第 9 卷，人民出版社，2009，第 560 页。
⑤ 《马克思恩格斯文集》第 1 卷，人民出版社，2009，第 158 页。
⑥ 《马克思恩格斯文集》第 3 卷，人民出版社，2009，第 428 页。

为财富。”① 另外，在马克思、恩格斯看来，自然界既是人的物质生产的基础，也是人的精神生产的前提和基础。“从理论领域来说，植物、动物、石头、空气、光等等，一方面作为自然科学的对象，一方面作为艺术的对象，都是人的意识的一部分，是人的精神的无机界。”② 第三，人与自然之间的关系同时也是人与人之间的关系。社会实践特别是生产劳动是人类生存和发展的根本途径或根本方式，而在生产劳动中，人类生成和调整着两种最为基本的关系：人与自然的关系即“人天”关系，人与人的关系即“人际”关系。马克思指出：“人们在生产中不仅仅影响自然界，而且也互相影响。他们只有以一定的方式共同活动和互相交换其活动，才能进行生产。为了进行生产，人们相互之间便发生一定的联系和关系；只有在这些社会联系和社会关系的范围内，才会有他们对自然界的影响。”③ 当然，这两种关系绝非平行并列、互不相干，而是相互依存、相互制约、相互转化的。正如马克思指出的：“人对自然的关系直接就是人对人的关系，正像人对人的关系直接就是人对自然的关系。”④ 马克思关于两种关系之间具有“直接同一性”的论断，其实深化了关于人与自然之间共生性关系的认识，也为我们如何构建人与自然这一“生命共同体”指明了方向，即只有处理好人与人的关系，才能真正处理好人与自然的关系。当“人际”关系恶劣如有战争发生的时候，其对自然生态的破坏几乎是毁灭性的。当代西方生态马克思主义者已经看到了这两种关系之间的关联性。西方生态马克思主义者就是从资本主义制度入手来分析造成当今日益严重的生态危机的根本原因的。“世界正变得危机四伏，而罪魁祸首就是资本主义。无论从短期的政治角度还是长期的生态角度，资本主义都在威胁着我们的星球。”⑤

---

① 《马克思恩格斯文集》第 9 卷，人民出版社，2009，第 550 页。

② 《马克思恩格斯文集》第 1 卷，人民出版社，2009，第 161 页。

③ 《马克思恩格斯文集》第 1 卷，人民出版社，2009，第 724 页。

④ 《马克思恩格斯文集》第 1 卷，人民出版社，2009，第 184 页。

⑤ 〔英〕阿列克斯·卡利尼科斯：《反资本主义宣言》，罗汉、孙宁、黄悦译，上海译文出版社，2005，第 40 页。

这实质上是一种基于人与人的关系来把握人与自然关系的分析路径。

人与自然关系的两个方面即对立性和统一性，不是彼此孤立、互不相干或静止不变的。它们之间同样具有辩证性，即对立性中包含统一性，统一性中又包含对立性，这两个方面是相互依存、相互渗透和相互转化的。正如习近平总书记所阐述的："环境就是民生，青山就是美丽，蓝天也是幸福，绿水青山就是金山银山；保护环境就是保护生产力，改善环境就是发展生产力。"[①] 而当我们以这样一种科学的思维观念来指导人类的行动时，就要求在处理人与自然关系的实践进程中，要把改造自然、变革自然与建设自然、保护自然有机统一起来，即"我们要坚持节约资源和保护环境的基本国策，像保护眼睛一样保护生态环境，像对待生命一样对待生态环境，推动形成绿色发展方式和生活方式，协同推进人民富裕、国家强盛、中国美丽"[②]。

在对待人与自然的关系问题上，还存在一种形而上学的态度或错误：要么只看到了人对自然改造、征服的一面，以生态的破坏为代价来实现人类的进步；要么只看到了人对自然顺从和保护的一面，以限制甚至停止人类正常的生产与生活活动来换取对所谓"自然权利"的保护——如西方一些学者或人士所持的"动物解放论"就认为，为了保护动物的权利，人类"必须停止为自己的饱餐而饲养和杀戮动物或在动物身上做实验的活动"。总之，这种割裂人与自然之间辩证关系的极端化的看法和做法，是不符合人与自然关系的本来面目的，也是不利于人类的可持续生存和发展的。

人与自然是一种共生关系，但很不幸的是，这种共生关系在人的不当或不良行为的作用下呈现出了不和谐性，这种关系基本上被人变成了一种自然对人而言的"供养"关系。自从告别了原始的渔猎文明，在创造农业文明特别是工业文明的进程中，人类一改远古时期"在自然力量面前还无能为力"的受奴役和压迫的状态，逐步走上了

① 《习近平谈治国理政》第2卷，外文出版社，2017，第209页。

② 《习近平谈治国理政》第2卷，外文出版社，2017，第209～210页。

一条“征服者”的“超人”之路。在日趋先进发达的生产力和科学技术的推动与武装下，人类把支配变革自然的一面推向了极致甚至极端化的状态，使人与自然之间的辩证关系趋于片面化从而发生了严重扭曲：一方面向大自然索取物质的“精华”，另一方面却把“三废”毫不留情地“回报”给了自然界，由此导致日益严重的生态环境问题，并对人类的可持续生存和发展构成了严重威胁。

在中国，如习近平总书记所指出的：“改革开放以来，我国经济发展取得历史性成就，这是值得我们自豪和骄傲的，也是世界上很多国家羡慕我们的地方。同时必须看到，我们也积累了大量生态环境问题，成为明显的短板，成为人民群众反映强烈的突出问题。比如，各类环境污染呈高发态势，成为民生之患、民心之痛。”① 生态危机的发生与加剧，从某种意义上说，反映了自然界对于人的不当行为的“报复”。恩格斯指出：“我们不要过分陶醉于我们人类对自然界的胜利。对于每一次这样的胜利，自然界都对我们进行报复。”② 恩格斯还举例说：“阿尔卑斯山的意大利人，当他们在山南坡把那些在山北坡得到精心保护的枞树林砍光用尽时，没有预料到，这样一来，他们就把本地区的高山畜牧业的根基毁掉了；他们更没有预料到，他们这样做，竟使山泉在一年中的大部分时间内枯竭了，同时在雨季又使更加凶猛的洪水倾泻到平原上。”③ 对此，习近平总书记也指出：“你善待环境，环境是友好的；你污染环境，环境总有一天会翻脸，会毫不留情地报复你。这是自然界的客观规律，不以人的意志为转移。”④

第三节　人是一个受动的存在物

在马克思、恩格斯的生态哲学思想中，还包含如何改善和优化

---

① 《习近平谈治国理政》第 2 卷，外文出版社，2017，第 209 页。

② 《马克思恩格斯文集》第 9 卷，人民出版社，2009，第 559 ~ 560 页。

③ 《马克思恩格斯选集》第 3 卷，人民出版社，2012，第 998 页。

④ 习近平：《之江新语》，浙江人民出版社，2007，第 141 页。

人与自然之间和谐共生关系、建设人与自然这一“生命共同体”的方法论的内容和要求。

首先需要指出的是，马克思揭示了人的“受动性”。一方面，马克思看到了人的实践性或能动性，在马克思看来，“全部社会生活在本质上是实践的”①。即人“是积极地活动，通过活动来取得一定的外界物，从而满足自己的需要”② 的能动的社会性存在物。另一方面，马克思又揭示了人是“一个受动的存在物”③，就是说，相比于自然界，人虽然是主体，但这种主体绝不是随心所欲、为所欲为的。正如马克思在《1844 年经济学哲学手稿》中所指出的：“人作为自然的、肉体的、感性的、对象性的存在物，同动植物一样，是受动的、受制约的和受限制的存在物。”④ 马克思关于人在自然界面前具有“受动性”的思想，为人类以平等的身份来看待并善待自然界、积极主动地建设人与自然之间的“生命共同体”提供了根本的方法论指南。

那么，人的这种“受动性”要求人在处理自身与自然界的关系中应当做些什么呢？根据马克思和恩格斯的论述：第一，人要认识并遵循自然规律，因为“整个自然界是受规律支配的，绝对排除任何外来的干涉”⑤。在恩格斯看来，人之所以能支配整个自然界并比其他一切生物强，关键在于人“能够认识和正确运用自然规律”⑥。第二，要高度关注人的生产活动的短视性或短期后果问题。恩格斯指出，“学会更正确地理解自然规律”⑦ 的重要表现，就是要充分察觉到人的改造自然的活动所造成的较近与较远后果的不一致性问题。而人改造自然及社会的活动之所以会造成眼前结果和长远结果的不

---

① 《马克思恩格斯文集》第 1 卷，人民出版社，2009，第 501 页。

② 《马克思恩格斯全集》第 19 卷，人民出版社，2016，第 405 页。

③ 《马克思恩格斯全集》第 42 卷，人民出版社，1979，第 169 页。

④ 《马克思恩格斯文集》第 1 卷，人民出版社，2009，第 209 页。

⑤ 《马克思恩格斯文集》第 3 卷，人民出版社，2009，第 506 页。

⑥ 《马克思恩格斯文集》第 9 卷，人民出版社，2009，第 560 页。

⑦ 《马克思恩格斯文集》第 9 卷，人民出版社，2009，第 560 页。

一致，是因为“到目前为止的一切生产方式，都仅仅以取得劳动的最近的、最直接的效益为目的”①。

这里，恩格斯所强调的要“认识和正确运用自然规律”以及“学会认识并从而控制那些至少是由我们的最常见的生产行为所造成的较远的自然后果”② 的论断与要求，具有重大的方法论意义。和其他一切生物相比，人的优势和强大，绝不在于“单向度”地对自然进行改造与征服，而在于在改造变革自然的实践中能够认识并正确运用及遵循自然规律。换言之，认识和遵循自然规律，是我们今天构建人与自然生命共同体、推进绿色发展的首要的方法论原则与要求。正如习近平总书记指出的：“绿色发展，就其要义来讲，是要解决好人与自然和谐共生问题。人类发展活动必须尊重自然、顺应自然、保护自然，否则就会遭到大自然的报复，这个规律谁也无法抗拒。”③

众所周知，物质世界包括自然界和人类社会的运动变化是一个有规律的过程。自然界正是通过其内在的客观规律来约束并惩罚人的不当或不良行为的。马克思于1866年8月7日在致恩格斯的信中就特意提到了这一点：“不以伟大的自然规律为依据的人类计划，只会带来灾难。”④ 从某种意义上说，人类目前所面临的一系列严重的发展问题特别是生态环境问题，在很大程度上就是人违背客观规律包括自然规律的结果。在山上一般要植树造林，在湖里一般要放养鱼虾，而不是反向行事，如在山上伐树种粮，在湖里围湖造田，可能一时增加了粮食产量，但违背了自然规律，最终会招致大自然的惩罚和报复，使人类遭受沉重的代价。早在我国古代就有“顺天而动”、遵循自然规律的思想。如《管子》指出：“山泽各以其时而至，则民不苟。”⑤ 要求人们必须按照山林川泽自然发展的规律取用

---

① 《马克思恩格斯文集》第9卷，人民出版社，2009，第562页。

② 《马克思恩格斯文集》第9卷，人民出版社，2009，第560页。

③ 《习近平谈治国理政》第2卷，外文出版社，2017，第207页。

④ 《马克思恩格斯全集》第31卷（上册），人民出版社，2016，第251页。

⑤ 《管子·小匡》。

并合理利用其中的生物资源。今天，我们提出并建设生态文明，推进绿色发展，不仅是对自然规律的一种遵从，而且要求我们沿着自然规律作用的方向用力，而不能南辕北辙、反其道而行之。那些“人有多大胆，地有多高产”以及拔苗助长、拽着自己头发上月球的种种言行，貌似聪明，实则是违背事物规律的蠢举，只能招来无谓的损失和牺牲。总之，“人因自然而生，人与自然是一种共生关系，对自然的伤害最终会伤及人类自身。只有尊重自然规律，才能有效防止在开发利用自然上走弯路”①。

人的活动，就其结果或后果而言，具有双重性或双效应性。从活动结果的空间维度上看，既有正面的、积极的结果，也有负面的、消极的结果；从活动结果的时间维度上看，既有最初的或较近的积极结果，也有较远的或第二步、第三步等的消极结果；等等。如前所述，恩格斯已经谈到了人的活动的最初的或较近的结果与较远的或长远的结果之间的关系问题。恩格斯指出，对于人对自然界的每一次胜利，自然界都报复了人。因为在最初人确实取得了预期的结果，“但是往后和再往后却发生完全不同的、出乎预料的影响，常常把最初的结果又消除了”②。例如，“美索不达米亚、希腊、小亚细亚以及其他各地的居民，为了得到耕地，毁灭了森林，但是他们做梦也想不到，这些地方今天竟因此而成为不毛之地，因为他们使这些地方失去了森林，也就失去了水分的积聚中心和贮藏库”③。人在改造自然界方面所导致的这种出人意料的具有负面意义的较远结果，在现实中大量地存在。

那么，造成这种人的活动的较近结果和较远结果的对立性的原因是什么呢？正如恩格斯所指出的，“到目前为止的一切生产方式，都仅仅以取得劳动的最近的、最直接的效益为目的”④。而这种对眼

① 《习近平谈治国理政》第2卷，外文出版社，2017，第209页。
② 《马克思恩格斯文集》第9卷，人民出版社，2009，第560页。
③ 《马克思恩格斯文集》第9卷，人民出版社，2009，第560页。
④ 《马克思恩格斯选集》第3卷，人民出版社，2012，第1000页。

前“最近的、最直接的效益”的过度追求，可以说是造成人的活动的较近结果和较远结果相对立的根本原因，也是导致日益严重的环境问题的根本原因。这同时也提醒我们，要想减少或缓解人的活动的较远影响对自然界的危害性，追求人与自然的和谐共生，就必须在“正确理解自然规律”的基础上，“学会认识我们对自然界习常过程的干预所造成的较近或较远的后果”①，具体说就是要处理好人的眼前利益和长远利益的关系，在兼顾人的活动的眼前追求和长远的影响的同时，确保人与自然的和谐共生。可见，恩格斯不仅是一般地从人的活动的角度来谈论自然界对人的反作用的，而且是从人的活动的双重结果的角度来深入论述人对自然界的不良影响及自然界对人的报复作用的。根据恩格斯的论述，我们建设生态文明、实施绿色发展，重点要对人的活动进行约束，特别是要处理好人的活动的较近的影响与较远的影响的关系，在具体的实践活动中，必须确立一种“瞻前顾后”的战略眼光和敬畏意识。

第四节 以审美的方式把握人与自然生命共同体

构建人与自然生命共同体，是一个在实践基础上发生的人与自然相互作用的过程，这种相互作用是通过人的自然化或生态化和自然或生态的人化的双向运动实现的。

所谓人的自然化，是指人在掌握自然知识、遵循自然规律、培养或增强环保意识的前提下，通过对自己所坚持的生产方式、生活方式和思维方式进行生态化的改造以改善与大自然的关系，从而有利于环境保护的一切实践活动。所谓自然的人化，是指大自然在人的实践作用下发生的对人而言所希望或所要求的变化，是大自然以原材料、能源、环境或条件等的因素或方式而向人的“社会域”包括“生活域”的一种渗透和转化。人的自然化和自然的人化，实际

① 《马克思恩格斯文集》第9卷，人民出版社，2009，第560页。

上是通过各自的肯定和否定途径实现的。在人的自然化的实践中，肯定的一面是指人对自然规律的掌握和遵循、对自然权益的认可与维护；否定的一面是指人对自身曾经不受限制的本质力量的一种约束，并在这种约束中设法克服或去除掉人在对待自然态度上的自我中心性、价值追求上的自私自利性、开发利用自然资源做法上的不当性等，从而在肯定和否定中不断调整和追求一种合理的人与自然的关系。在自然的人化实践中，基于人的价值视角而言，肯定的一面主要表现为两种：正效应的肯定和负效应的肯定。就自然人化的正效应肯定来看，大自然通过向人类社会输送物质资源、能量和信息等以支持和维护人类的生存与发展，从而证明或肯定着大自然关乎人类生存和发展所具有的基础性的意义；负效应的肯定，是指大自然通过铁的规律对人的不当行为的惩罚，以一种反面的方式强制性地肯定着自己的存在和作用，迫使人类在遵循自然规律、克服“自大狂”毛病的前提下务必合理调整好人与自然的关系。自然人化的否定的一面，是指自然界不断进入人的认识和实践领域，从而成为人的实践的“非对象化”的存在，在这种自然相对于人而言的非对象化的过程中，自然失去了其天然的、原始的对象化的形式，并减少甚至消除着对人而言的自在性、神秘性和破坏性。人与自然生命共同体的构建正是在这种人的自然化和自然的人化的相互作用中实现的，是这种“双化”的统一，只有人的自然化或自然的人化都是不可能建构起真正意义上的科学合理的人与自然的生命共同体的。

在人的自然化和自然的人化实践基础上建构起来的人与自然的生命共同体当然是一种理想的存在，这种生命共同体的出现反映了人在生存和发展方式方面所具有的划时代的转型意义。在建构人与自然生命共同体的实践中，蕴含着人所特有的求真、趋善、审美的基本追求。所谓求真，是指人对人与自然生命共同体的本质与规律、系统与要素、结构与功能、属性与条件等的认识、把握和遵循，它为人的建构活动提供认知论或知识论的支持。所谓趋善，是指在保障自然生态权益的基础上对人的具有长远意义的可持续发展或世代发展的一种追求。“善”的核心是“利”，但这种利是人之利和自然之利的双统一，如果损自然以利人，那么，这样的善就是不完整当然也无法持续的。所谓审美，是指在人的建构实践中存在的“求真”与“趋善”的统一，体现的是人“自由地面对自己的产品”并“在他所创造的世界中直观自身”[①] 的方面，昭示的是“人甚至不受肉体需要的影响也进行生产，并且只有不受这种需要的影响才进行真正的生产”[②] 的正确方向。

基于美学或审美的视角来把握人与自然生命共同体及其构建活动，是一个基本的维度。人与自然生命共同体的构建是一种社会化的物质性活动，其过程特别是结果是人的构建目的和愿望的对象化，是人的实践力量的感性物化，这样，作为感性的构建结果，人与自然生命共同体完全可以成为人们审美观照的对象，这意味着，在建构人与自然生命共同体的实践中存在审美的意蕴和尺度。事实上，十八大以来，以习近平同志为核心的党中央在治国理政的实践中提出的“美丽中国”等概念，启示着我们完全可以从审美的角度来观照把握人与自然生命共同体的构建，进而打量整个中国的发展进步。换言之，审美尺度的运用在衡量和范导“美丽中国”建设及人与自然生命共同体的建构活动中，具有重要的意义。

首先，审美尺度对于我们的建设或构建活动具有重要的衡量观照意义。具体而言，审美观照是我们衡量或把握人与自然生命共同体建设得如何的重要标尺。作为生态文明建设的重要成果并在绿色发展基础上实现的人与自然生命共同体不是一个抽象的存在，它的建构及其取得的成果是可以通过大量直观得到的具体的景象或表现体现出来的。如清水绿岸、鱼翔浅底、蓝天白云、繁星闪烁的自然景象，青山常在、绿水长流、空气清新、鸟语花香的田园风光等等，这些当然都是可以直观得到的美的景观，是在人的实践基础上形成的美的对象。而这些美的景观或美的对象是“美丽中国”的具体内

① 《马克思恩格斯文集》第1卷，人民出版社，2009，第163页。

② 《马克思恩格斯文集》第1卷，人民出版社，2009，第162页。

核，是表征人与自然生命共同体得以形成的标志性要素。就人们对社会进步认知、评价的逻辑进程来看，总是经历一个先感性、后理性的认识过程。而感性的层面就属于审美或审丑的范畴。如人们初到某一个地方，该如何衡量判断此地建设发展得如何呢？首先当然得观察，当发展的成果通过大量可以直观得到的优美的景象包括人们积极向上的精神面貌、和谐安全的社会环境等呈现在人们的眼前时，人们一般会做出正面的肯定性的评价；相反，如果初到某地在总体上看到的是一个比较糟糕的景象如看到的是“脏乱差”时，一般就会得出负面的评价。可见，衡量一个地方有没有发展或发展得怎么样，第一步就是要看，这其实是一个诉诸人的感官的审美或审丑的过程。在这里，审美起着虽然直观但重要的衡量标尺的作用。这实际上也启示我们，在发展中，要努力创造令人愉悦的美的对象或美的成果。

其次，审美尺度具有团结人、激励人的作用。这种作用主要是通过关于未来发展的美好目标或宏伟蓝图的规划设计体现出来的。“美丽中国”包括具有和谐性质的人与自然生命共同体，当然是一种具有审美属性的应然性的存在，它发端于现实但超越着现实。众所周知，在现实中人们不仅是不自由的，而且现实本身也存在种种令人不满意、不愉快的丑的一面。因而，人们总是寄希望于未来，这种未来当然是以一种理想化的状态存在的未来，或是关于未来发展的美好愿景，它超越着现实，消除着现实中种种丑恶的地方，当这种美好的理想生成之后，就具有了一种强大的团结激励的力量。“美丽中国”以及人与自然生命共同体显然具有这样一种审美激励作用，总体上“富起来”的中国，要及时通过对美的创造和追求，使我国的建设发展活动获得一种具有新质意义的转型和升华，从而为我国的发展包括人与自然生命共同体的建构起到一种重要而正确的导向或定向作用。

最后，审美尺度为我们提供着关于创美规律的方法论指导作用。马克思曾在对比动物的本能活动时分析了人的生产活动的三种尺度问题。马克思认为：“动物只是按照它所属的那个种的尺度和需要来构造，而人却懂得按照任何一个种的尺度来进行生产，并且懂得处处都把固有的尺度运用于对象；因此，人也按照美的规律来构造。”[①] 建设“美丽中国”包括构建人与自然生命共同体也要遵循“美的规律”，这种美的规律为人的建设活动起着定则的作用：其一，审美尺度的解放作用。当前，整个社会盛行着拜金主义的倾向，人们急功近利甚至不择手段，为此严重损害了人与自然及人与人的关系。为了建设“美丽中国”及构建人与自然生命共同体，在发展的境界上，就必须实现由拜物的发展向尚美的发展的转变。这种转变，要求对发展主体进行一种具有美学意义的解放，即要引导人们追求一种高尚雅致的具有美学意义的生活，营造一种“诗意”的生存状态，这是总体上“富起来”的国人所应当追求的一种理想化的生存境界。这意味着，审美尺度的运用，对于当下拖着沉重的“肉身”而处于“物欲横流”中的人们具有重要的解放意义。在现实生活中，如果把功利尺度绝对化或至上化，就很容易引导整个社会向着“唯物质化”的方向发展，人们也很容易为物欲所束缚从而成为“单面人”或“经济人”，这显然会造成社会与人的发展的“异化”或病态化的倾向。而审美尺度的贯彻运用则有望解决这一目前存在于社会发展进程中的普遍的、致命的问题，就是说，它具有将人从“物化”的“囚笼”中提升和解放出来的功能。在新时代的背景下，用审美尺度观照指导我们的建设发展活动，关注的侧重点就不仅仅是发展的功利性价值，而更多是发展的审美价值。其二，审美尺度的协调作用。建设“美丽中国”特别是构建人与自然生命共同体要求处理好眼前利益和长远利益的关系，对此，就离不开审美尺度的规范指导。人们的发展建设活动总是从近前而趋向长远，从自我而波及他我，实践活动的这种“直接现实性”就容易使人们只顾眼前需要的满足、当下利益的实现，而审美尺度则具有超功利性，即超越

---

① 《马克思恩格斯文集》第1卷，人民出版社，2009，第163页。

了眼前的利害关系。审美尺度所具有的超功利性使得它可以以无限目的匡正有限目的，以情感尺度制约功利尺度，克服或避免实践建设中的急功近利性，使当下利益和长远利益结合起来，以增强人的实践活动的自由自觉性和可持续性，这与“美丽中国”的建设及人与自然生命共同体的构建在本质上是高度契合的。

总之，审美尺度分别从审美观照、审美激励、创美规律等方面为我们建设“美丽中国”和人与自然生命共同体发挥着衡量标尺及定向、定则等范导功能。

第三章

自然价值：建构人与自然生命共同体的依据

为了探究生态危机发生及严重化的原因特别是解决之道，中外学界进行了不懈的努力，而“自然价值”范畴的确立或提出，就是这种努力所取得的重大创新性成果。然而，恰恰在这个问题上，学界存在较为激烈的论争。这倒不是说人们否认自然界的“价值性”——大自然“是人的无机的身体”[①]，其对人的生存与发展所具有的“工具性价值”是无法否定也否定不了的。问题的关键在于，自然界除了外在的工具性价值外，还有没有固有的内在价值？如果有，我们该如何把握这种内在价值与工具价值以及与人的关系？本书拟围绕这些问题，谈谈我们的“一家之言”。

第一节　“自然价值”讨论中存在人的“缺场”现象

作为21世纪人类实践的“关键词”，“自然价值”被视为环境伦理学的基本范畴之一。[②] 但即便在自然价值的分类问题上，学界的

① 《马克思恩格斯文集》第1卷，人民出版社，2009，第161页。

② 关于“‘自然价值’是21世纪人类实践的关键词”的说法，参见余谋昌《“自然价值”与21世纪》，《上海师范大学学报》（自然科学版）2003年第1期。

分歧也是相当明显的。如美国环境伦理学家保尔·沃伦·泰勒把自然价值分为四类：内在价值、天赋价值、固有价值和工具价值。自然价值论的代表人物、美国著名的环境伦理学家霍尔姆斯·罗尔斯顿把自然价值分为十四种：经济价值、消遣价值、科学价值、审美价值、历史价值、哲学和宗教价值、生命支撑价值、遗传和生物多样性价值、文化象征价值、塑造性格的价值、生命价值、统一性和多样性价值、稳定性和自发性价值、辩证的价值。余谋昌先生把自然价值区分为外在价值和内在价值：外在价值是在文化的层次上作为人的工具而为人所利用的商品性和非商品性价值；内在价值是生命和自然界在地球上的生存所具有的合理性和有意义性。叶平将自然价值分为四类：工具价值、内在价值、固有价值以及生态系统的价值。

根据学界多数学者的看法，更根据上述自然价值分类的内容相关性或相似性，我们同意余谋昌先生的分类——也就是说，我们同意将自然价值概括为这样两类：自然界及其存在物对人而言的具有工具性的使用价值和自然界及其存在物自身固有的内在价值。换言之，自然价值一般包括两种基本的形态：工具价值或使用价值或外在价值和内在价值或固有价值。对此，李培超先生的观点可资借鉴。他认为，所谓自然价值实质上就是指在人与自然所构成的主客体关系中人对自然的把握，这样自然价值就有了两种理论视角：其一是在对人的有用性上所表现出的自然价值——这是基于人的角度而言的一种使用价值或工具价值；其二是在自然的必然性上表现出的自然价值。前一种价值能满足人的诸多需要，后一种价值则集中体现为大自然自身的鬼斧神工、和谐稳定、相互依存等在超越人的需要的基础上的“内在价值”。[①]

然而，令人遗憾的是，在中外学者关于自然价值特别是自然的内在价值的认识和讨论中，存在突出的人的“不在场”现象。罗尔

---

① 李培超：《论自然价值：对一个生态伦理学概念的辨析》，《湖南师范大学学报》1998 年第 4 期。

斯顿就认为："自然的内在价值是指某些自然情景中所固有的价值，不需要以人类作为参照。"① 泰勒也指出，所有的动植物都拥有自身的善即固有价值，而这种固有价值与它们对人而言的工具价值和天赋价值无关，是独立于人这一"评价者"之外的。② 在我国学界，不少学者也持类似的观点。余谋昌先生认为："自然内在价值，表现生命和自然界的主体性，是以自然本身表现的价值。这是以它自身为尺度进行评价的。"③ 叶平教授认为："没有人类，就没有价值。这个判断是错误的，因为在地球生命进化过程中，不仅进化的波峰人类有价值，进化过程中的其他生命生态也是有价值的。只不过这种价值的参照系不是人类，而是包括人类在内的一切生命进化的生态。这是地球自然界的固有价值。"④ 刘湘溶教授认为，自然价值是自然界的"内在价值"，是自然界本身固有的价值。这种价值的根据是自然物的"存在"，"自然之物的存在本身即代表了它们的价值，自然之物的价值就在于存在本身"。⑤

第二节 "内在价值"真的与人无关吗？

事实上，对于自然的工具价值，人们并不难理解。社会文明演进到今天，人类尽管能"上天、入地、下海"，有孙悟空般"叱咤风云"的本领，但依然逃脱不出大自然这个"如来佛"的"掌心"。"我们连同我们的肉、血和头脑都是属于自然界和存在于自然界之中的。"⑥ 大自然是人的"衣食父母"，"人靠自然界生活"。⑦ 人对大自然的绝对

① 〔美〕霍尔姆斯·罗尔斯顿：《哲学走向荒野》，刘耳、叶平译，吉林人民出版社，2000，第189页。

② 〔美〕保罗·沃伦·泰勒：《尊重自然：一种环境伦理学理论》，雷毅等译，首都师范大学出版社，2010，第75页。

③ 余谋昌：《自然内在价值的哲学论证》，《伦理学研究》2004年第4期。

④ 叶平：《非人类的生态权利》，《道德与文明》2000年第1期。

⑤ 刘湘溶：《生态伦理学》，湖南师范大学出版社，1992，第80页。

⑥ 《马克思恩格斯文集》第9卷，人民出版社，2009，第560页。

⑦ 《马克思恩格斯文集》第1卷，人民出版社，2009，第161页。

依赖性表明，自然界至少对人具有满足其生存与发展的工具性价值——这种价值随着人类的诞生而出现，并将伴随人类的历史始终。

但是，长期以来，人们关注或重视的仅仅是自然的工具价值。自近代工业革命以来，伴随着市场经济体制的出现、科学技术的飞速发展以及人口的不断增多和人的需求的持续攀升，人们加大或强化了对自然工具价值的开发利用，从而导致开发利用过程中极端自私化或极端利己化的现象。这种极端化的表现就是，人们只知索取而不知保护。在人与自然的关系领域，这种价值趋向是单向的：对人而言，得到的是自然的精华或正价值；对自然而言，得到的是由人所制造出来的物质的糟粕（如在生产和生活中制造出来的“三废”等）或负价值。或者说，人只是把大自然看成人类生存和发展所需的“原料库”和任意倾倒的“垃圾场”。这是数千年来人类对待自然价值的传统的、根深蒂固的方式或态度。而这样一种只知自然的工具价值并以极端自私化、利己化的方式来处置这种价值的态度，在今天终于导致自然的工具价值极度损耗和枯萎的严重后果，并造成人类生存与发展的不可持续问题。

人类当然不会容许这种现象的持续存在。要解决长期以来人类针对自然的工具价值过度开发利用的问题，就必须对人的实践行为进行约束和限制。而这种约束，从价值论的角度分析，需要引入一个新的有关自然价值的概念——自然的内在价值，因为现有的工具价值已根本不具有对人的实践行为的约束作用了——它只具有一种正面推动人类改造甚至征服自然的作用。这样，在生态危机日趋严重的时代背景下，人们对自身实践行为的约束和限制，在价值论的视阈内，主要是通过揭示或确立自然的内在价值来实现的。

自然的内在价值其实是对自然界本身固有的一系列功能、属性、规律等的价值论的概括。必须承认，自然界有其内在固有的东西，如它的客观独立性、规律性以及自身的多样性、动态平衡性、自我进化和净化等的自生功能。因而，所谓自然的内在价值，即自然界固有的在维持其进化发展过程中所呈现出的整体平衡、和谐有序、持续演进的规律性的结构和功能，或者说，自然的内在价值主要表现为自然界及万物的多样性、平衡性、演进性、自生性、同化性、自净性等的结构和功能。

就现有的环境伦理学所取得的认识来看，如果我们不确立自然的内在价值，环境伦理学就无法建构起来，人们建设生态文明、保护生态环境的行为就会失去坚实的伦理道德基础，但如果我们提出了自然的内在价值概念，立即会遭遇这样两个重要的问题：

其一，自然如果有自己固有的内在价值，那么，这与价值的属人性或人本性原理有无矛盾？如果内在价值依然具有属人性或对人的生存与发展有用、有益，这和工具价值有什么区别？我们还有提出内在价值的必要吗？其二，自然万物的整体平衡、和谐有序、持续演进等属于内在价值范畴的东西或因素，究竟是一种自然万物天然的、本来的事实性存在，还是属于由人所规定的价值性存在？如果是一种天然的、本来的事实性存在，又将如何从中推导出具有属人特性的价值存在呢？

显然，如果解决了上述两个问题，自然的内在价值就是能够成立的。

关于第一个问题，必须明确的是，价值一定是与人有关的概念，价值的主体或中心只能是人，离开人谈论事物的价值是没有意义的。如果没有人，自然界当然就无所谓价值，它只是一种天然的、事实性的存在。正是人，把自然界从天然的事实性存在提升到了价值性存在的层次或高度。当人在谈论或把握自然的价值问题的时候，同时也就赋予了人作为价值主体存在的意义。换言之，无论是自然的工具价值还是自然的内在价值都具有属人性，一定反映或体现着人的需要和利益的趋向，这一点是毫无疑问的。马克思在谈到一般的价值概念的时候就明确指出：“‘价值’这个普遍的概念是从人们对待满足他们需要的外界物的关系中产生的。”[1] 由此可知，价值是表

[1] 《马克思恩格斯全集》第19卷，人民出版社，2016，第406页。

明主体与客体关系的概念，而“凡是有某种关系存在的地方，这种关系都是为我而存在的”[①]。这种价值的“为我性”其实就是价值的属人性。就自然的工具价值而言，它是在人与自然的关系上所直接呈现出来的于人的有用性。而自然的内在价值虽然体现了自然万物内在固有的客观规律等结构和功能，反映了自然万物相对于人而言的一种独立性、自在性。但这种为自然万物本身固有的结构功能也无法摆脱人的影子。或者说，自然的内在价值依然具有属人性，它不会打破也不可能打破价值的属人性原理或原则。

自然的内在价值的属人性主要体现在三个方面：其一，内在价值是工具价值的载体或基础，换言之，没有自然的内在固有的结构及功能，就不会产生对人的生存与发展有用或有益的资源或资料。当今所出现的日益严重的可持续发展问题，其实就是自然万物在内在的结构功能方面弱化、遭损坏甚至丧失的现象。“当我们说环境因人类行为而退化时，我们要表达的是其内在价值的丧失或不被尊重。当大峡谷的断面被由上游水电坝的泄流引发的洪水冲蚀时，当酸雨腐蚀希腊、罗马的古建筑时，当海滩被人行木板道和娱乐场取代时，人类的行为破坏了我们发现的存在于自然界的内在价值。”[②] 自然的内在价值遭到破坏势必导致自然的工具价值的受损或丧失，这就是“皮之不存，毛将焉附”的道理。这样，自然的内在价值就通过自然的工具价值而与人发生联系，它支撑着自然的工具价值进而也支撑着整个人类的生存与发展。这是自然的内在价值对人而言的“间接正相关性”。其二，在人对自然万物开发利用的广度和强度极度扩张并造成日益严重的生态危机的今天，自然的内在价值的增进和维护，显然已离不开人的作用，尽管大自然自身也有维护其内在价值的能力，但这种能力已被人类破坏得脆弱不堪，如果没有人的积极有效的参与，自然的内在价值是无法得到改善、增进与维护的。这就是

---

① 《马克思恩格斯文集》第1卷，人民出版社，2009，第533页。

② 〔美〕戴斯·贾丁斯：《环境伦理学》，林官明、杨爱民译，北京大学出版社，2002，第151页。

说，作为“人的无机的身体”，人有责任和义务关护自然。在海德格尔看来，由于“人是被抛入到存在的澄明之中的，因而他被迫承担起看护人和放牧者的责任”。他举例说，只要农业仍旧与世界和睦相处，那么农民所掌握的“技术”就绝不是对土地的一种挑战或“挑衅”，而是一种奉献（播种）和领受（收获）的循环过程，一种经年不断地看护和更新的过程。[①] 海德格尔在这里所揭示的人对土地的奉献、看护，其实表达的是人对包括土地在内的自然物所必须担当的责任问题。这是自然的内在价值对人而言的一种“责任相关性”。其三，在价值论的视野内，该如何约束人的不合理的实践行为呢？前已所述，自然的工具价值已不具有对人的实践行为的约束性功能了，因为它本身就是人的价值的一部分，是直接为人的生存与发展服务的。而自然的内在价值则完全具有对人的行为的约束限制性功能，因为这种价值是自然的内在固有的结构功能的表现，是建立在自然界的本质属性和固有的运行规律基础之上的，因而这种价值的被揭示或被提出就要求人类必须遵守自然的客观规律，尊重和维持大自然存在与发展的多样性、平衡性、自生性等的结构和功能。即内在价值以一种规律性的东西为人类提供着价值功能。这样，从自然的内在价值对人的行为的约束性的角度分析，自然的内在价值也具有属人性——这是其相对于人而言的一种“约束相关性”。可见，如果说自然的工具价值对人而言具有“直接正相关性”的话，那么，自然的内在价值所具有的对人而言的“间接性”“责任性”“约束性”等的相关性，就使得自然的内在价值已经进入人的认识和实践的领域，依然打上了人的烙印，依然对人具有极大的“有用性”或“有效性”。

还需要说明的是，在价值哲学的研究领域，学者们都是从主体或人的角度来把握价值问题的，都把人视为价值的主体；但在环境伦理学的研究领域，相当多的学者却把人排除在外，以致造成奇怪

① 〔英〕乔治·斯坦纳：《海德格尔》，李河、刘继译，中国社会科学出版社，1989，第198、212页。

的甚至不可思议的“价值分裂”现象，仿佛学者们谈论的不是同一个“价值”。因此，要解决这种“价值分裂”问题，就必须统一到价值的“人本论”的大旗下。

关于第二个问题，即如何由“是”推导出“应当”或由事实性存在推导出价值性存在的问题，这也不难理解。自然的内在价值只是在工业化以来特别是20世纪以来才逐步进入人的视域的。那么，在内在价值被揭示或发现之前，自然界有无这种价值？我们说是有的，但只是一种潜在的内在价值，或者说是一种事实性的存在。怎样才能从事实性存在引出价值性存在呢？如果将价值论与存在论等同起来，从事实中直接推导出价值来，是否会犯摩尔所说的“自然主义谬误”呢？我们的回答当然是否定的。如前所述，正是人，把自然界从天然的事实性存在提升到了价值性存在的层次或高度。这种“提升性”或“转换性”从反面的意义上表现得最为明显。或者说，当自然万物的和谐有序、整体平衡、持续演进这些本来固有的存在遭到了人为的严重破坏并威胁到人类的生存与发展的时候，这种“事实”已不是完全独立于人之外，与人的生存发展无关或无涉的纯客观的东西了，它已经以一种反面的具有惩罚性的力量而与人的生存发展紧密联系起来了，于是“事实”进入价值的领地，并要由价值来判断并引导，从而也就实现了由存在论向价值论的转化。

第三节　关于工具价值和内在价值辩证关系的进一步探讨

自然的工具价值和内在价值的关系是一种对立统一关系。首先，它们是紧密相连、相互制约的，具有统一性：由于内在价值是工具价值的载体和基础，工具价值是在内在价值的基础上生成的，因而内在价值的状况（数量、质量、规模、结构等）决定着工具价值的状况，或者说，有什么样的内在价值一般就会有什么样的工具价值。这表明，自然的内在价值具有第一性或决定性，工具价值具有第二性或受支配性。但工具价值对内在价值又具有重大的反作用。“内在价值往往蕴藏在工具价值之中。”① 或者说，内在价值的存在与发展的状况及其意义要通过工具价值加以反映或体现。如果工具价值开发利用得当或科学合理，就会维持并增进自然的内在价值或使内在价值出现一种“增值”现象，并使工具价值和内在价值处于一种动态的平衡互助的状态；反之，如果工具价值被过度开发利用就会直接损害自然的内在价值，使内在价值出现一种“减值”或恶化的现象。

其次，它们又具有对立性或差异性：第一，自然的内在价值是先在的、固有的，而自然的工具价值则是外在的、后天的，是在自然的内在价值的基础上生成的，有自然的内在价值则不一定会有自然的工具价值，但如果有自然的工具价值则必有自然的内在价值，这是两种价值地位的不同。第二，自然的工具价值体现的是自然万物对人的有用性和有益性，是从人的角度或主体的角度所把握的一种价值属性，是人的合目的性的一种价值；自然的内在价值体现的是自然界及万物在其自身的发展演进中所具有的多样性、平衡性、和谐性、整体性、自生性等结构和功能，是从自然本身的角度或客体的角度所做的分析，是人的合规律性的一种价值。这是两种价值视角的不同。第三，自然的工具价值是最先被人类所关注并利用的，或者说它是最先进入人的认识和实践领域的；而自然的内在价值只是在工业化以来特别是自 20 世纪以来才逐步进入人的视域的，是在生态危机发生并加剧的时代背景下人类关于自然价值认识深化的结果。换言之，生态危机的发生及其严重化促成了自然的内在价值的被发现或被揭示。这是两种价值被关注的时间先后的不同。第四，工具价值反映了人对自然的开发利用性，表征的是人的主体能动性，是由自然指向人的；而内在价值反映的是人对自然的建设性和保护性，表征的是人在自然的内在本质和规律面前的受动性，是由人指

① 〔美〕霍尔姆斯·罗尔斯顿：《环境伦理学》，杨通进译，中国社会科学出版社，2000，第 303 页。

向自然的。这是两种价值对人的作用的不同。第五，工具只是自然价值中的一种浅层次的、功能性的价值，而内在价值则是自然价值中的深层次的价值。这是两种价值的层次的不同。

确立自然的内在价值并对自然价值做工具价值和内在价值的区分有着十分重要的理论和现实意义：第一，确立自然的内在价值为我们提供了维护生态平衡、构建人与自然生命共同体的价值论基础。因为自然的工具价值要求我们必须开发利用自然，而自然的内在价值则要求我们必须建设和保护自然，以共生共利的思维来看待人与自然之间的关系。第二，自然的内在价值是支持环境伦理学理论体系的基础性概念，正因为存在自然的内在价值，所以我们才要通过确立环境道德等范畴来约束规范人们的实践行为以保护自然，换言之，没有内在价值这一范畴，环境道德的确立乃至环境伦理学的建构就会失去理论根基。第三，自然的内在价值的提出丰富和深化了人们对自然价值的认识。以往人们只是从人的功利需要的角度来把握自然及其价值属性，跳不出人的视角或圈子，而内在价值的提出，则表明人们在关于自然价值的认识上转换了角度，即从自然的必然性的角度来把握自然的功能属性及其对人类所提出的责任要求。第四，自然的内在价值的提出丰富了价值理论。以往的价值观只是看到了自然的工具价值，这造成价值理论的结构性缺陷，而内在价值的提出，则迫使价值理论能以一种全面的视角来把握自然的价值问题，有助于一种科学的价值观的形成。

第四节 基于自然价值角度的科学人权观

自然价值的探讨为我们科学把握人权问题提供了新的方向和思路。近三十年来，人权问题已经成为国际政界和学界探讨的一个热门话题，但令人不安的是，对人权的认识，仅仅被局限于社会关系领域。必须指出的是，人类在关注自身权利的时候，却忽视了生态环境的权利或自然的内在价值，这无疑是非常片面的，甚至是极为危险的。我们必须认识到：维护人权，离不开维护生态权或实现对自然价值的重视和保护。换言之，人类要想真正维护自己的权利，就必须确保生态环境的权利。“当我们坚持人类和法人拥有及于河流与土地的权利的时候，那么我们也必须要认识到，河流与土地作为主体，必须拥有及于人类的权利。如果我们不认可这一点，那么我们就是维护了一种根本性的不平等。”①

自然既然具有自身的内在价值，因而它就应该拥有自己的权益。所谓生态权，是指生态环境作为一种有机系统，其自身所应有的生存和发展的权利，这种权利不应受到超出其自身调控能力的破坏。自然环境作为外在于人类社会的有机系统具有自己的“需要”和“权利”，并按照自身内在的规律在发展进化着，只是自工业革命以来特别是自第二次世界大战以来，随着人类实践活动的扩大和加深，生态环境才遭到了超出其自身调控能力的破坏。

目前，人类对生态环境的破坏，主要表现在两个方面。第一，不加限制地过度开发利用自然资源，并为了人类的“一己”私利，大肆残害减灭野生动植物物种。“人类行为正在瓦解着生态共同体所依赖的食物链、营养和水循环以及气候系统。物种灭绝速度的快速上升是正在产生破坏的一个残忍的指示器。物种灭绝是伴随进化过程的一部分，但化石标本表明，平均水平下每一千年灭绝的哺乳类动物种群不超过一种。然而在几百年的时间里，人类社会已将这‘基本’灭绝速度提高了一千倍之多。”② 第二，人类在贪婪地向自然界攫取的同时，又将“废物、废水、废气”这些人类生产生活的糟粕“回报”给自然界，从而严重污染了生态环境。人类这些反进步、反文明的活动，产生了这样一种恶果：破坏甚至中断了生态环境系统的循环和发展，从而造成非常严重的生态环境问题。“人类显

---

① 〔美〕科马克·卡利南：《地球正义宣言——荒野法》，郭武译，商务印书馆，2017，第106页。

② 〔美〕科马克·卡利南：《地球正义宣言——荒野法》，郭武译，商务印书馆，2017，第24页。

然正以快速破坏我们栖息地的方式行事。在这一过程中，我们捕杀数以百万计与我们一起进化的物种，也威胁着整个地球共同体的健康。当然，这一行为也可能是自我毁灭性的，因为生命之网的互联性意味着当我们家园的健康开始恶化时，我们自身也走向了毁灭。”①

直到今天，我们在谈论人权时，还固执地认为这仅仅是一个社会问题，这不能不说是人权认识上的一个误区。事实上，所谓人权，从根本上说更是一个人和自然之间的关系问题，也就是说，以生存权为基础的一切人权，不仅仅是在社会系统的范围内，在人和人的关系中存在并逐步实现的，而且更根本的是在一定的生态环境的大背景下，在人和自然的关系中得以存在并实现的。道理很简单，包括其他生物物种在内的整个自然界或生态系统是人类的本源，人类是整个生态系统的一部分，现实的人类的生存和发展，同生态环境的存在和发展，是一个相互作用、相互交换、相互制约的过程。人权的保障与维护，无疑首先要在一定的社会系统中才能实现，但仅仅有社会系统，还不可能实现对人权的维护。因为要保障和维护人权尤其是作为人权基础的生存权，还必须具有物质性的东西和一定的自然场所，而这些物质性的东西，归根结底要从生态系统中获得，而这种自然场所或自然环境，就是我们周围的生态环境。可见，人权的维护，一方面离不开社会系统，另一方面更离不开生态系统。确切地说，是在社会系统与生态系统及其相互交往的统一关系中实现的。既然生态系统是人权得以实现的“物质基础”，那么，人类就有义务爱护这个“物质基础”，承认并确保其生存和发展的权利。但是，在人权实践上，人们关注的只是人权，而忽视了生态权，这可以说是在人权实践上的一个可怕的误区。

如前所述，人权问题，根本上是一个人和自然关系的问题，而人和自然关系的现实展开，实质上是一个包含着双向交流的过程。一方面，人类通过生产劳动从自然界获取自己所需要的东西，从而

---

① 〔美〕科马克·卡利南：《地球正义宣言——荒野法》，郭武译，商务印书馆，2017，第30页。

保障和实现自己最基本的权利；另一方面，人类也应给自然界以善意的“报答”和真诚的“补偿”，即要关心和爱护自然界，尊重并维护生态系统的权利。这种人和自然之间的双向交流是缺一不可的。人类不可能只索取不给予。如果人类在追求和维护自己权利的时候，忽视并破坏了生态权，到头来必将导致对自身权利的侵犯与剥夺。

维护和尊重人权，是针对“反人权”的现象提出来的。而对人权予以践踏和破坏的这些“反人权”现象，从发生学的角度讲，不仅源于社会有机体内部，而且还来自生态环境的领域。也就是说，当生态环境遭到严重破坏并处于恶化状态时，就会出现源于生态环境系统的对人权的破坏与侵犯。这种现象大量存在，且触目惊心。英国工业烟雾曾夺走了成千上万人的生命，日本工业污水中毒事件摧残了数以千计人的身心健康；目前全世界有 80 个国家约 15 亿人口淡水供应不足，每年因饮水不净而死亡人数有 700 多万；人们为了眼前的利益，滥伐森林，过度放牧，大肆捕杀野生动物，致使目前地球上平均每分钟有 21 公顷森林消失、11 公顷土壤变成沙漠。全世界每天有 75 个物种灭绝，每一小时就有 3 个物种被贴上死亡标签。很多物种还没来得及被科学家描述和命名就已经从地球上消失了。据世界濒危动物红皮书统计，20 世纪有 110 个种和亚种的哺乳动物以及 139 种和亚种的鸟类在地球上消失了。目前，世界上已有 593 种鸟、400 多种兽、209 种两栖爬行动物和 20000 多种高等植物濒于灭绝。这样，人们会逐渐丧失改良农作物品种的基因资源以及人类生存所需的一半药源。这一切一再告诉人们：失衡的生态环境系统同样是“破坏”人权的重要因素，而且随着生态环境危机的日趋加剧，来自生态环境领域的对人权的“破坏”将越来越经常、普遍和严重，甚至会使整个人类丧失生存权。

因而面对这种严重的“反人权”现象，人类就必须停止那种污染环境、破坏生态的“自杀性”或“自毁性”行为，在追求和维护人权的同时，必须维护和确保生态权。如同我们离开了一切社会关系去抽象地谈论人权，只能导致损害他人、社会和国家利益的极端个人主义和无政府主义一样，离开了人和自然的关系，忽视了生态权来谈论人权，也会导致人类沙文主义和物种歧视主义的思想与行为，其后果必将导致文明的毁灭、人权的丧失。

那么，人权的发展该怎样才能走出误区呢？这里的关键就是要树立起一种科学的人权观。我们必须看到，人权发展上的误区，首先源于观念上的误区。“目前人类社会对世界的主宰建立在错误认识宇宙的基础之上。主要的错误是人类与环境被分离了，以及在地球健康恶化的时候人类仍然能繁荣发展。”① 因而人类有必要重新反思现有的人权观，以适应现实的变化，树立起一种新的科学的人权观。

所谓科学的人权观，是指符合人类长远利益和满足人类长远发展的一种人权观，是包括对人权和对生态权共同关注与维护的一种人权观。这种人权观将人们只关心人的生存和发展权利的认识，扩大到了人和自然的相互交往中，把人们只关注一个物种（人类）的福利扩大到了关心地球上相互联系的千百万物种的福利上。这种人权观消除了人权认识上的片面性和人权实践上的短期行为，从而标志着人权发展进入新的历史时期。人类唯有在这种人权观的指导下，才能使人权以一种真正符合人类进步和人类理性要求的姿态健康地向前发展。

---

① 〔美〕科马克·卡利南：《地球正义宣言——荒野法》，郭武译，商务印书馆，2017，第30页。

第四章

共生主义：构建人与自然生命共同体的观念基础

当今人类正面临着生死攸关的可持续发展问题，因为“地球的命运正处于最危险的时候”①。只要看一看20世纪70年代以来西方学者们所写的一些论著的书名，就可管窥到当今人类面临的可持续发展问题有多么严重：《深渊在前》（佩切伊）、《自然的终结》（比尔·麦克基本）、《濒临失衡的地球》（阿尔·戈尔）、《我们被偷走的未来》（西奥·科尔伯恩等）、《自然之死》（卡洛琳·麦茜特）、《地球危机》（格雷姆·泰勒）等等。人类要想世世代代地生存并延续下去，当然得设法破解眼下困扰自身的可持续发展问题，因而也就不能不探究产生问题的原因。而在对发展问题之原因的分析上，学界基本上是从两个层面展开的：其一，基于显性的或外在“物质器物”层面的分析，如对消费异化、科学技术负效应、发展方式的粗放性等的分析和批判；其二，基于深层次或内在“精神理念”层面的分析把握，如对人类中心主义之“谬误”等的分析批判。

第一节　走不出的人类中心主义

在探究可持续发展问题——主要是指生态危机发生发展的深层

① 〔美〕约翰·贝拉米·福斯特：《生态危机与资本主义》，耿建新、宋兴无译，上海译文出版社，2006，第76页。

理念根源时，无论是东方还是西方，学界普遍把关注点投向了“人类中心主义”。“人们普遍认为，人类在处理人与自然的关系中以自己为中心、为目的，以自然为工具、为手段，正是导致环境恶化的认识论根源，人类中心主义被人们从幕后揪到了前台。”[①] 换言之，当人们把人类中心主义与生态危机相提并论时，“人类中心主义”就在一般的语境下成为一个“贬义”的概念，学界普遍将其视为造成生态危机的“价值罪魁”而使其成为备受挞伐的“精神对象”。

何谓人类中心主义？尽管学界至今意见并非完全一致，但在通常的意义上是指以人的利益或价值为轴心，以人的目的、要求为尺度去认识、评价、把握人与外部世界关系及支配人的实践行为的价值观念、思维准则。在对人类中心主义的审视批判中，逐步形成了“非人类中心主义”的思潮或流派。在西方，非人类中心主义一直表现得相当活跃，主要有法国哲学家、诺贝尔和平奖获得者阿尔贝特·施韦泽所倡导的“敬畏生命的伦理学”，美国著名生态伦理学家奥尔多·莱昂波尔德所主张的“大地伦理学”，以挪威著名哲学家阿伦·奈斯为代表的“深层生态伦理学”，以澳大利亚和美国著名生命伦理学家彼得·辛格为代表的“动物解放论”，以美国哲学家汤姆·雷根为代表的“动物权利主义”，以美国哲学家罗尔斯顿为代表的“自然价值论”等。在国内，对人类中心主义的批判，主要表现为“走出人类中心主义”即“走出派”所持的观点。非人类中心主义者把资源枯竭和环境退化的根源归结为人对自然的支配与掠夺，认为这是受人类中心主义观念支配的征服文化对当代全球生态环境所产生的致命影响。

必须指出的是，非人类中心主义虽然对人类中心主义大加挞伐，却面临如下棘手的问题：第一，从实然的角度看，真正意义上的“人类”中心主义还没有形成。当今“人类”呈现的是被分割为无数各自为政、相互博弈的利益主体，所谓人类中心主义其实是打着

---

① 孙道进：《环境伦理学的哲学困境——一个反驳》，中国社会科学出版社，2007，第43页。

“人类”旗号的“群体中心主义”和“个体中心主义”等。从某种意义上说，人类中心主义只是一个虚幻的概念，而将这样一个虚幻的“人类中心主义”判定为生态危机的价值理念根源，显然是找错了地方，无法真正说明生态危机发生发展的深层次的理念原因。第二，从价值论的角度看，人类中心主义本身是无法否定的。人类中心主义是人类生存和发展的根本的价值取向。人类中心主义是对人与世界关系——首先是人与自然界关系及现实的人类实践活动的一种理性概括。就人通过自己实践活动所表现出的对世界的关系而言，确实是为了人的，即为了人的需求与利益，换言之，对人类中心主义的否定，在某种意义上其实就是等于对人自身的否定。第三，最为关键的是，把生态危机发生发展的价值根源归咎于人类中心主义，无法全面准确说明或反映生态危机发生演变的真实原因。这表现在两个方面：其一，学界一般是在人与自然关系的维度上来把握人类中心主义的。其实，生态危机不仅仅是一个人与自然关系的问题，更主要的是一个人与人关系的问题。那么，人与人的关系问题（也是生态危机发生发展的重要方面）就无法由人类中心主义来说明了，这是用人类中心主义来说明生态危机所遇到的一个重大缺陷。其二，“人类中心主义”的提法或理论其实掩盖了导致生态危机发生的真实原因——不是人“类”导致生态危机，而是当今人“类”的某一部分、某一些成员导致生态危机，企图用抽象的“人类”来揭示生态危机发生的真实原因显然具有“文不对题”“隔靴搔痒”的意味。

既然在价值取向上人类中心主义无法超越或无法否定，它也不是造成当今生态危机的真正的价值理念原因，那么，究竟是什么样的价值理念成为生态危机发生并恶化的“价值祸首”的呢？在关于人类中心主义的研究讨论中，无论是国内还是西方，一些学者其实已经找到了导致生态危机以及一切发展问题发生恶化的真正的价值理念根源，它就是自我中心主义。例如，在国内，有学者指出：“从历史上看，正是在这种个人中心主义和群体中心主义的支配下，各种不同的利益主体为了最大限度地追逐自己特殊的、眼前直接的利益，向大自然展开了残酷的掠夺和暴虐的征战，而丝毫不去考虑也不可能去考虑这种行为对自然生态环境的长远影响。一句话，个人中心主义和群体中心主义而非人类中心主义才是当代生态环境问题的根源。”① 有学者分析道：目前的人类生态困境已不仅仅是人类在自然面前的困境，从其内在原因看，这是由人类内部贫富差异巨大、追求利润最大化的价值目标和挥霍式的消费需求所致，且这一切都与资本主义的生产方式、生产的短期行为和生活方式分不开，或是发达国家长期奉行自我中心主义造成的恶果。而这样一种“畸形的社会关系形成的畸形的人与自然的关系，是破坏人类共同利益的个人中心主义、群体中心主义、国家（民族）中心主义所带来的后果”②。总之，“人‘类’中心主义并非以全体人类为‘中心’的‘主义’，它只是打着人类利益至上的幌子，实质是群体中心主义或少数人中心主义，其所谓的‘人类利益’只不过是少数人或国家群体利益的‘放大’”③。

而在西方，西方生态学马克思主义早已摒弃了从人类中心主义的视角抽象地考察生态危机的做法，它坚持了一条“自我中心主义”的分析进路。生态学马克思主义反对简单而笼统地把生态危机的原因归结为人对自然的控制和支配，认定资本主义社会的危机从本质上说就是生态危机，而这种生态危机主要源自资本主义的生产方式，即以追求利润最大化为宗旨的资本主义生产方式必然破坏生态环境。英国学者卡利尼科斯指出：“人类面临的主要问题：贫穷、社会上的不公正、经济波动、环境破坏、战争，来自同一个根源——资本主义制度。”④ 在《反资本主义宣言》一书中，卡利尼科斯反复强调：

① 汪信砚：《人类中心主义与当代的生态环境问题》，《自然辩证法研究》1996 年第 12 期。

② 任暟：《“人类中心主义”辨正》，《哲学动态》2001 年第 1 期。

③ 孙道进：《人“类”中心论与“人类”中心论》，《贵州社会科学》2006 年第 2 期。

④ 〔英〕阿列克斯·卡利尼科斯：《反资本主义宣言》，罗汉、孙宁、黄悦译，上海译文出版社，2005，第 40 页。

“世界正变得危机四伏，而罪魁祸首就是资本主义。无论从短期的政治角度还是长期的生态角度，资本主义都在威胁着我们的星球。”[①]第三代生态学马克思主义的代表人物、美国学者福斯特也认为：“危机的原因需要超出生物学、人口统计学和技术以外的因素作出解释，这便是历史的生产方式，特别是资本主义的制度。”[②] 在福斯特看来，“资本主义是一种永不安分的制度”，因为它把追求利润增长作为首要目的，并且不惜任何代价追求经济增长，包括剥削和牺牲世界上绝大多数人的利益，因此，生态危机的发生在资本主义制度下就具有了必然性。“这种把经济增长和利润放在首要关注位置的目光短浅的行为，其后果当然是严重的，因为这将使整个世界的生存都成了问题。一个无法逃避的事实是，人类与环境关系的根本变化使人类历史走到了重大转折点。”[③] “总体来看，西方生态学马克思主义既没有把生态危机的根源归结为抽象的人类中心主义价值观，也反对把科学技术看做是生态危机的罪魁祸首，而是把生态危机的主要原因归结为资本主义制度及其生产方式的存在，认为只有立足于制度维度的基础上，才有可能谈论人类中心主义的价值观和科学技术对生态危机的影响。”[④] 以这样一种坚持“自我中心主义”的分析范式来说明生态危机深层或主要原因的做法，就把导致生态危机的原因具体化和准确化了。仅此而言，生态学马克思主义在揭示生态危机的原因方面，具有重大的历史进步意义。

总之，当前人类深陷危机之中，这是由人的价值观念的困境所导致的人的生存的困境，这种价值观念就是自我中心主义。以往，人们在物质上的困境如物质上的匮乏而导致人的生存困境，但现在

---

① 〔英〕阿列克斯·卡利尼科斯：《反资本主义宣言》，罗汉、孙宁、黄悦译，上海译文出版社，2005，第 40 页。

② 〔美〕约翰·贝拉米·福斯特：《生态危机与资本主义》，耿建新、宋兴无译，上海译文出版社，2006，第 68 页。

③ 〔美〕约翰·贝拉米·福斯特：《生态危机与资本主义》，耿建新、宋兴无译，上海译文出版社，2006，第 60 页。

④ 王雨辰：《反对资本主义的生态学——评西方生态学马克思主义对资本主义社会的生态批判》，《国外社会科学》2008 年第 1 期。

物质的匮乏已经消除或正在消除，人们生活在了一个相对富饶的物质世界中，然而不幸的是，人的价值观念出现了问题，即日益猖獗和盛行的自我中心主义的价值理念在支配着整个人类的精神世界和人的实践行为，由此导致更加严重的生存困境。因此，为了走出目前日益严重的危机，就必须对自我中心主义展开分析和批判。

第二节　对自我中心主义的批判

作为“从事实际活动的人”[①]，总是一种“自我”存在。何以如此认为？这应从人的“社会关系”的本质属性谈起。

在谈到人的本质问题时，马克思有一个著名的观点：“人的本质不是单个人所固有的抽象物，在其现实性上，它是一切社会关系的总和。”[②] 人的“社会关系”的本质表明，人总是与他人发生着互动交往的关系，而正是在这种交往关系中，人当然地转化成了一种自我存在，或变成了“自我人”。何以如此？因为“凡是有某种关系存在的地方，这种关系都是为我而存在的”[③]。可见，人的社会关系的本质本身就表明了人都是“自我化”的人，即人只有把自己变成自我或主体、把他人变成他我或客体，才能形成主客体关系，才能从事一切交往实践活动。或者说，所谓社会关系，总是自我与他我以及自我与他物之间的关系。

人的存在的自我性同时表明了“自我中心”的合理性。换言之，在生存论的意义上，自我中心应当是一种合理的思想或主张，因为以自我（包括个体自我或群体自我等）为中心是一切生命的本质现象。正如英国历史学家、哲学家汤因比所分析的：“一方面，自我中心显然是地球上生命的本质。……对于每一个生物来说，自我中心

① 《马克思恩格斯文集》第 1 卷，人民出版社，2009，第 525 页。
② 《马克思恩格斯文集》第 1 卷，人民出版社，2009，第 501 页。
③ 《马克思恩格斯文集》第 1 卷，人民出版社，2009，第 533 页。

是生物存在不可缺少的，是生命的必要条件之一。”[①] 他还从认识论的角度指出了“自我中心”的客观必然性：“人类观察者不得不从他本人所在的空间某一点和时间某一刻上选择一个方向，这样他必定是以自我为中心的。”[②]

“自我中心”的核心是自利性或利己性。因为所有的自我主体，都有属于自我的客观的需要或利益，或者说，所有的“自我主体”都是在特定的需要或利益“武装”下的社会存在者。自我在与他我以及与自然的交往中，始终遵循着趋利避害的原则或定律。对自我需要和利益的满足与追求，是天经地义、客观必然的。马克思也看到了人的存在和发展的“利己性”：“现实的人只有以利己的个体形式出现才可予以承认。”[③] 在马克思看来，利己的人，是市民社会的成员，是政治国家的基础、前提。[④] 总之，趋利原则或趋利定律是广泛起作用的铁的定律。

自我主体在求利活动中，一般有两种选择：其一，自我主体如果在与他我、与自然等的交往中，采取互利共赢的原则，即在实现自我利益的同时又维护了他我和自然的利益或权益，那么，这样一种理念和做法，就体现出了一种科学的共利性的价值原则。反之，如果自我在实现自我利益的过程中，采取了一种单边主义或自大主义的极端化的做法，即只是实现或维护自我的利益，并破坏或损害了他我或自然的利益或权益，那么，这实际上就是采取了一种自我中心主义的价值原则。

汤因比曾在《一个历史学家的宗教观》一书里对“自我中心”进行了辩证分析。他一方面看到了“自我中心”的本质和重要性，另一方面又认为，“自我中心是一种理智的错误，因为没有一种生物

① 〔英〕阿诺德·汤因比：《一个历史学家的宗教观》，晏可佳、张龙华译，四川人民版社，1990，第 12 页。

② 〔英〕阿诺德·汤因比：《一个历史学家的宗教观》，晏可佳、张龙华译，四川人民版社，1990，第 11 页。

③ 《马克思恩格斯文集》第 1 卷，人民出版社，2009，第 46 页。

④ 《马克思恩格斯文集》第 1 卷，人民出版社，2009，第 45 页。

真正是宇宙的中心；自我中心又是一种道德的错误，因为没有一种生物有权利以宇宙的中心自居。它没有权利把它的同胞、宇宙、上帝和实在视为仅仅是为了满足一种自我中心的生物需求才存在。坚持这样一种错误的信仰并照此行事是一种狂妄自大的罪恶”[①]。汤因比此处对所谓“自我中心”缺陷和弊端的批判，实则是对自我中心主义的批判。

“自我中心主义”是一种从自我的至上性出发，或在将“自我中心”极端化、教条化的基础上来看待世界并处理自我与他我或与周围事物关系的世界观和方法论。自我中心主义有人类自我中心主义、国家或民族自我中心主义、集体自我中心主义及个人自我中心主义等多种形式。其中，“人类自我中心主义”还只是一种理论上的说法或提法，而在现实中存在并发挥着负面作用的基本上完全是群体自我中心主义（包括国家或民族自我中心主义、集体自我中心主义等）和个人自我中心主义。

自我中心主义建立在主客二分的思维方式基础之上，它将双向互利的主客体关系，异变成了单向求利的主客体关系，呈现出了世界观上的本我化、主体观上的自大化、实践观上的唯我化、利益观上的自私化以及在方法论上所采取的“走我的路，让别人无路可走”等的现象和做法。自我中心主义从合理的“自我中心”出发，却在实践中将其推向了极端，把自我中心的“为我”性变成了“唯我”性，这表明，自我中心主义实则是彻底的或极端的利己主义，其实质就是自我利益的最大化。这种最大化在空间上表现为自我占有和支配“他我”，在时间上表现为当前垄断或透支未来，从而造成时空上的“孤岛化”和“断代化”的现象与问题；在价值关系上，这种最大化就是只索取不回报，只关注自我的利益和需求，忽视自我所应承担的责任和义务，造成权利和义务、获利与责任的割裂以及价值关系上的单向单边的利益索取关系；基于代价论的视野分析，这

---

① 〔英〕阿诺德·汤因比：《一个历史学家的宗教观》，晏可佳、张龙华译，四川人民版社，1990，第13页。

种最大化常常以对“他我”包括“他物”的利益或权益的损害来满足自我的需求与利益，即“损人利己”或“损物利己”。

自我利益最大化的过程，其实也是共同体利益或整体利益自我化的过程，即自我主体在最大化地追求自我利益的情况下，把共同体利益自我化或把“大我”利益“小我”化，这是一种通过种种手段甚至不择手段来蚕食、挤占、掠夺共同体的整体利益的情况，亦即所谓的“化公为私”的情况。我们知道，自我与他我、与社会处于密切的共生互动的关系中，从而组成了一个特定的共同体。共同体中的成员或单位形成了整体“利益场”，即共同体有着共同的利益，这种利益其实是维护共同体存在和发展的关键因素。在共同体的“利益场”中，如果某一个或某一些主体最大化地追求自我利益，那么，就会造成共同体内部利益格局的受损、社会关系的失调，从而会对共同体的根本利益或共同利益造成冲击和损害。如“公地悲剧”的出现，就充分说明了自我中心主义的危害性。

自我中心主义是当今社会及其发展中比较稳定且普遍发生着深层次作用的一种价值理念。在观念方面，自我中心主义使人们形成了相对稳定的极端利己型的思维准则；在实践操作方面，自我中心主义在目标的确立、方案的制订、手段的选择等方面都以自我利益的追求为前提或基础；在制度层面，自我中心主义总是基于最大化地追求自我利益的角度来进行制度设计或安排。

在众多的自我主体中，不同的自我主体其地位、力量和作用等是不尽相同的，有的自我主体如发展水平高、影响力大的自我主体一般处于强势地位，在某一共同体中时常发挥着支配性的作用，而有的自我主体则处于弱势地位，其力量和作用就相对弱小。那些强势的自我主体往往把自我利益看成整个共同体的利益，把自我价值观看成整个共同体的“普世”价值观。换言之，那些处于强势地位的自我发展主体很容易产生自我中心主义的发展倾向，他们很容易把自我的发展模式理想化、教条化，甚至强制性地要求其他发展主体接受、采纳自己的发展模式包括发展制度、发展价值观等，从而导致社会关系包括国际关系的紧张和紊乱。

自我中心主义的危害性是显而易见的。具体而言，自我中心主义造成人的价值追求的趋同化、人格的奴化、自我的物化、社会的“散沙”化、社会关系的扭曲化或断裂化等的现象或问题。

我们这个时代的精神文化，在表面上看似乎丰富多彩、标新立异。但在这一现象的背后却隐藏着惊人的一致性——大多数人在价值取向上都对权力特别是金钱或财富怀有深深的膜拜，整个社会在价值追求方面呈现出了趋同化的现象。当今社会的人们愤世嫉俗，表现出了强烈的“愤青”倾向，似乎富有批判性、反抗性，但在功利的诱惑面前，这种批判性和“愤青”现象立马消失或劲头骤减，表现出面对物质功利的“奴化”或“屈膝化”现象。

自我中心主义的价值观念及实践活动，在给他人和整个共同体造成损害的同时，也严重损害了自我的全面自由发展。也就是说，自我中心主义武装下的自我，首先是一个片面发展或畸形发展的自我，它把有着丰富社会属性的、本应全面发展的自我变成一个只知功利或疲于奔走在功利场上的经济人或经济动物或唯物质化的人，从而造成对人的精神属性和社会属性的严重伤害；其次是造就了一个不自由发展的自我，自我中心主义迫使人最大限度地追求眼前的物质功利，大大挤压了人的生存空间，使人为物质功利所役使。自我中心主义支配下的自我，显然是一个被严重异化即物化和矮化了的自我。总之，当代社会的人是异化的、畸形发展的不自由的人，人既受自然的奴役——大自然正在以一种报复性的力量来奴役人，同时人还受物质功利的奴役。

自我中心主义的盛行，必然会削弱人与社会的整体理念或共生主义，使社会处于“散沙”化的状态。换言之，自我中心主义武装下的自我，如同一粒粒沙子，由于缺乏整体或集体意识的凝聚力，各自为政，相互计较和对抗，大大增加了社会运行的成本，降低了社会的整体安全性能。

自我中心主义还导致“纵”“横”两维社会关系的对立和扭曲。

从纵向关系的角度看，自我中心主义所主张的自我利益的最大化，把还应属于子孙后代的生存资源或资料提前拿来为我所用，从而损害了子孙后代的利益，把他们逼入生存的困境。须知，我们脚下的生存资源既是属于当代人的，也是属于我们子孙后代的，但不幸的是，自我中心主义的急功近利性却使得当代人对现有的有限资源采取了一种“竭泽而渔”“杀鸡取卵”的可怕态度。从横向的空间结构来看，自我中心主义所主张的自我利益最大化，把属于别人或别的主体的资源据为己有，或以别的主体的利益的受损为代价来满足自我的需求，实现自我的利益，从而导致横向社会关系的紧张和对立。

总之，自我中心主义在哲学观上破坏或违反了相互依存的原则（单边或单向依附），在利益观上破坏或违反了互利互惠的原则（自私自利），在发展观上破坏或违反了共同进步、共生共荣的原则（一花独放、一枝独秀），在价值观上破坏或违反了索取与付出或获利与担责相统一的原则（只获利不担责），在交往观上破坏或违反了相互平等、相互尊重的原则（自高自大或单边独大）。

第三节　走向共生主义

“今天我们所遇到的社会问题以及人与自然的关系问题，都是由近代以来的自我中心主义造成的。”[①] 在罗尔斯看来，损害以至毁灭共同体的主要的罪不是利己主义，而是自我中心主义。罗尔斯特别强调自我中心主义是对共同体的主要犯罪，他认为自我中心主义是主要的罪，构成恶的根基，其他所有次要的恶都来源于它。[②] 当自我中心主义普遍地支配着人们的思维观念和实践行为的时候，中外一些学者其实已经洞察到了其对社会健康运行与可持续发展所造成的

① 张康之、张乾友：《从自我到他人：政治哲学主题的转变》，《马克思主义与现实》2011 年第 3 期。

② 参见自何怀宏《青年罗尔斯论共同体及对“自我中心主义”的批判》，《中国人民大学学报》2011 年第 5 期。

危害。换言之，自我中心主义因其空间上的“孤岛性”和时间上的“断代性”等缺陷在导致严重的发展问题的背景下而走到了尽头，于是，一种能支配人类走出困境的新的价值理念便应运而生，这就是共生主义的价值理念。在茫茫的宇宙大海中，迄今所知只有蔚蓝色的“地球号”轮船适宜生命和人类的生存。然而不幸的是，在行驶了亿万年之后，这一庇护和普度众生的“诺亚方舟”却由于主要来自人的超载的原因而渗水并开始下沉，为了解决这一生死攸关的问题就要求卸载，即要将一些多余的甚至不必要的东西都扔到海里面去。但究竟先扔谁、扔多少、扔什么东西时，地球村的村民们却吵翻了天：自己不想扔，却希望别人赶紧扔。于是在争吵中，那种《后天》式的场景或灾难正在一步步来临。那么，我们要说，面对严重超载的“地球号”轮船，地球村的村民不仅要果断“抛弃”一些多余的物质性东西（如控制人口增长、降低发展速度、实行生态消费等），更要抛弃一些有害的理念性的东西，其中就包括自我中心主义的价值观念，果断实现由自我中心主义向共生主义的转换。自我中心主义的价值取向和行为模式，才是当今人类面临的一切麻烦或困境的最为深厚的价值理念原因。

“共生”首先是一个生物学上的概念。在美国学者林恩·马古利斯看来，所谓共生是“不同物种的生物个体保持机体的相互接触而生活在一起的系统”。[①] 进入20世纪以来，生物学有一个重要发现，就是认为共生是一种普遍的生物现象，是“万类霜天竞自由”的基本方式。“只要我们留意，就能发现共生现象是无处不在的。对许多不同种类的生命说来，与其他生物间互相的机体接触是一种没有商量余地的需要。”[②] 生物学研究表明，在生物界，既有生存竞争的一面，还有协同共生的一面。推动自然界进化的是共生法则，竞争只

---

① 〔美〕林恩·马古利斯：《生物共生的行星——进化的新景观》，易凡译，上海科学技术出版社，2009，第1页。

② 〔美〕林恩·马古利斯：《生物共生的行星——进化的新景观》，易凡译，上海科学技术出版社，2009，第2页。

不过是共生过程中的一个方面。德国学者赫尔曼·哈肯在《协同学——大自然构成的奥秘》一书中就指出：在激烈的生存斗争中一个特别有趣的例子是共生现象，其中不同的物种相互帮助，而且甚至只有这样大家才可能生存。“事实上，大自然过程是牙磕牙似地紧密联系着的。大自然是一个高度复杂的协同系统。”① 20 世纪中叶以后，对共生的认识逐步扩展到了人文社会科学领域，共生问题被越来越多的生物学以外的学者们所关注。人们普遍注意到，共生是宇宙万物存在和发展的普遍状态与基本方式。各种各样的事物统一共生，在保持“自生”的同时也兼顾他物的生存，实现各自的发展又相互补益，这实际上是世界万物存在和发展的根本道理。

社会领域当然也存在“共生”现象。人类社会本身就是一个巨大的共生体，这种共生体表明在人与人、人与社会、人与物（如人与自然界）之间存在共存、共利、共进、共荣的统一关系或共生性关系。这实则表明，共生也是人的基本的生存和发展方式，而国家、社会、集团（如单位等）、家庭等其实是人的共生性的基本表现形式或组织形式。“社会共生”的客观基础是社会的系统性存在。根据马克思主义哲学的基本观点，物质世界是普遍联系的，这种普遍联系又以系统的形式存在，而系统的根本特性就是其整体性。同样，人类社会也是一个系统，同样具有整体性这一最根本的特性。社会的整体性，实际上是指社会系统的有序关联性，具体而言，是指构成社会系统的静态的要素之间和动态的发展阶段之间内在的、稳固的关联性。而正是社会的系统性存在及其所拥有的整体性，构成了社会共生的客观基础。

一般而言，共生概念主要包括三个方面的含义：其一，两个或两个以上具有差异性的事物在特定时空中的共同存在即共在或共存；其二，两个或两个以上共同存在的事物间具有相互依存、相互需求、相互满足的共利关系，即共存的事物间有共同的利益；其三，共存

---

① 〔德〕赫尔曼·哈肯：《协同学——大自然构成的奥秘》，凌复华译，上海译文出版社，1995，第 79 页。

的事物间存在差异和竞争，但这种竞争只能是一种合作性、和谐性竞争，而且只能在这种竞争中走向共进、共荣，绝非你死我活或两败俱伤。

既然在自然界包括人类社会中，存在共生法则，自然就有共生主义观念意识的生成。当我们基于社会领域来把握共生主义，共生主义则是关于人类共生体的思想学说，换言之，共生主义是对人与自然、人与人、人与社会之间相互依存、互利共荣、协同发展的生存状态和发展方式的一种观念反映。

必须看到，共生主义是我们认识人类社会及其存在和发展的新的世界观与方法论，它超越了认识社会系统及其运行发展的二元分立的思维方式：其一，它一改以往人们主要从局域的、眼前的角度认识世界、从事发展的看法，而主要从相互依存的整体性的角度认识世界并从事发展活动；其二，它一改以往人们把社会关系如人与人、人与自然、人与社会之间的关系主要看成一种竞争或斗争的对立关系，而主要把社会关系看成相互依存、互利共荣的既对立又统一的关系。可见，共生主义的内涵和品质与自我中心主义的自私自利、自我独大的价值观念及其实践取向是有着本质区别的。

共生主义主要包括这样几方面的内容：共在或共存意识、共和意识、共利意识和共荣意识。所谓共在或共存意识，是从空间结构的角度对生命体之间和生命体与周围环境之间包括人与人、人与环境之间共生关系的反映或把握。如前所述，世界的普遍联系性，首先是指在特定时空背景下事物总是表现为一种“共存性”的联系，换言之，生命体包括人在内其生存的本来状态就是一种共存模式，这种模式就构成了生命体包括人在内的一种天然或本真的结构，共存意识正是对生命体天然的生存结构的一种反映。共存意识是共生主义的基础性内容，正因为生命体的生存状态呈现的是一种共存的天然结构形态，所以就为共生主义的生成提供了客观的前提条件。共存意识要求人们认识事物必须认识事物存在的共存性联系。看不到事物之间及事物与环境之间的共存性联系，就等于没有认识到事物存在的本真状态，这是不对的。

所谓共和意识，是从关系的角度对生命体共生状态的一种把握或反映。生命体之间及生命体与周围环境之间既然是共存的，那么它们之间的关系应当是和谐的，从共存必然要引出共和，而有了共存意识，还必须有共和意识，如果生命体之间或生命体与周围环境之间不和谐，那么势必会影响到共存。可见，共和意识也是共生主义的重要内容，它表征着生命体之间及生命体与环境之间应有的关系状态，即这种关系必须是和谐或协调的，共和意识要求人们必须从和谐的角度来把握或促进生命体之间或生命体与环境之间的应有关系。

所谓共利意识，是从实质性的角度或价值态的角度对生命体之间共生关系的一种把握。事物存在的状态具有共存性，这种共存性要求生命体之间及生命体与环境之间要有一种和谐关系，但这种和谐关系主要具有表象的意义，就生命体之间及生命体与环境之间共生关系的实质来看，它们其实是一种共利关系，即生命体及生命体与环境之间是互利互惠的关系。共利意识要求人们在处理自身与他人、与社会、与环境间的关系时，不能采取损人利己的态度和做法，否则就违背了人的实践行为的共利性要求或原则。在共利意识看来，互利则共生，互损则俱灭。

生命体之间及生命体与环境间的共生不是静态的而是动态的，或者说生命体之间及生命体与环境之间的共利性要达到什么样的目的呢？这就是共荣、共进即共同繁荣、共同进步。因而，共荣意识是从目的或目标的角度对生命体及其与环境之间共生性关系的一种把握，它要求人们要着眼于事物的共同发展，而不能采取一种我的发展是以别人的不发展为代价的态度。

总之，共生主义的主要内容呈现出了这样一些维度：共存意识——表达的是共生关系的本体态或结构态，共和意识——表达的是共生关系的关系态，共利意识——表达的是共生关系的价值态或实质态，共荣意识——表达的是共生关系的目标态或功能态。共生主义的科学性显而易见，它建立在主客统一的思维方式基础之上，追求并建构双向互利的主客体关系，从而呈现出了世界观上的系统化、主体观上的平等化、实践观上的共进化、利益观上的共利化以及在方法论上所采取的“走我的路，也让别人有路可走”等的现象和做法。共生主义的价值观念已逐步体现在当今人类的发展实践中，如可持续发展的思想和命运共同体的主张等，其实就是共生主义的具体表现。共生主义反映着人类进步的必然方向，而只有在共生主义的支配下，人类才能走出当前的困境，从而重塑和谐美好的未来。

第五章

生态生产：构建人与自然生命共同体的实践支撑

20 世纪 90 年代以来，理论界在对生态系统和生态危机的研究讨论中，陆续提出了“生态生产力”“自然生产力”等概念。“力”显然不是凭空产生的，总有其产生的实践基础。“生态生产力”或“自然生产力”，是生态生产或自然生产的能力。因而，我们提出“生态生产”的概念，并对其基本内容、它与其他生产形式的关系，以及这一概念所包含的对构建人与自然生命共同体的实践支撑意义等问题做进一步的分析与探讨。

第一节　马克思主义的全面生产理论

马克思把人类社会看成在实践基础上特别是在生产实践基础上生成和发展的有机整体。在《哲学的贫困》中，马克思明确指出：“谁用政治经济学的范畴构筑某种意识形态体系的大厦，谁就是把社会体系的各个环节割裂开来，就是把社会的各个环节变成同等数量的依次出现的单个社会。其实，单凭运动、顺序和时间的唯一逻辑公式怎能向我们说明一切关系在其中同时存在而又互相依存的社会机体呢？”① 而马克思眼中的社会有机体，是构筑在其所认为的全面

---

① 《马克思恩格斯文集》第 1 卷，人民出版社，2009，第 603 ~604 页。

生产的基础之上的。换言之，马克思、恩格斯的全面生产理论为我们今天遵循科学发展的全面协调的实践向度提供了重要理论支撑。

马克思最早是在《1844年经济学哲学手稿》中明确提出了“全面生产”的概念。在将人的生产和动物的生产进行了对比后，马克思这样写道：“诚然，动物也生产。动物为自己营造巢穴或住所，如蜜蜂、海狸、蚂蚁等。但是，动物只生产它自己或它的幼仔所直接需要的东西；动物的生产是片面的，而人的生产是全面的；动物只是在直接的肉体需要的支配下生产，而人甚至不受肉体需要的影响也进行生产，并且只有不受这种需要的影响才进行真正的生产；动物只生产自身，而人再生产整个自然界。”[①] 在《德意志意识形态》中，马克思和恩格斯再一次谈到了“全面的生产”的话题。在他们看来，随着现存社会制度被推翻以及私有制被消灭，在这种情况下，“单个人才能摆脱种种民族局限和地域局限而同整个世界的生产（也同精神的生产）发生实际联系，才能获得利用全球的这种全面的生产（人们的创造）的能力”[②]。

那么，在马克思和恩格斯的思想中，所谓“全面的生产”都包括哪些内容呢？根据历史唯物主义的观点，“摆在面前的对象，首先是物质生产”[③]。因为“任何一个民族，如果停止劳动，不用说一年，就是几个星期，也要灭亡，这是每一个小孩子都知道的”[④]。那么，人的物质生产是如何进行的呢？马克思指出，人们“只有以一定的方式共同活动和互相交换其活动，才能进行生产。为了进行生产，人们相互之间便发生一定的联系和关系；只有在这些社会联系和社会关系的范围内，才会有他们对自然界的影响，才会有生产”[⑤]。

这样，除了物质生产之外，人们还有关于社会关系的生产或关

---

① 《马克思恩格斯文集》第1卷，人民出版社，2009，第162页。
② 《马克思恩格斯文集》第1卷，人民出版社，2009，第541～542页。
③ 《马克思恩格斯文集》第8卷，人民出版社，2009，第5页。
④ 《马克思恩格斯文集》第10卷，人民出版社，2009，第289页。
⑤ 《马克思恩格斯文集》第1卷，人民出版社，2009，第724页。

系生产。[①] 而说到社会关系，不能不提到家庭关系。因为在马克思和恩格斯看来，家庭关系最初是唯一的社会关系："一开始就进入历史发展过程的第三种关系是：每日都在重新生产自己生命的人们开始生产另外一些人，即繁殖。这就是夫妻之间的关系，父母和子女之间的关系，也就是家庭。这种家庭起初是唯一的社会关系……生命的生产，无论是通过劳动而生产自己的生命，还是通过生育而生产他人的生命，就立即表现为双重关系：一方面是自然关系，另一方面是社会关系。"[②] 这里，马克思、恩格斯表达了繁殖也是生产的含义。恩格斯曾明确提出了"人自身的生产"的概念，他指出："历史中的决定性因素，归根结底是直接生活的生产和再生产。但是，生产本身又有两种。一方面是生活资料即食物、衣服、住房以及为此所必需的工具的生产；另一方面是人自身的生产，即种的繁衍。一定历史时代和一定地区内的人们生活于其下的社会制度，受着两种生产的制约：一方面受劳动的发展阶段的制约，另一方面受家庭的发展阶段的制约。"[③] 可见，除了物质生产、关系生产之外，还存在人自身的生产即人口生产。

由于人是一种现实的存在，而人的"现实性"包括两个方面，除了物质性并要求在生产中满足自身的物质需求之外，人还有"精神性"，这种精神性包括人是有激情、有理想的存在物，人在实践活动中存在对客观世界的认识活动，人还有其自身的精神性需求等。但人的精神性的一切要素如"思想、观念、意识的生产最初是直接与人们的物质活动，与人们的物质交往，与现实生活的语言交织在一起的。人们的想象、思维、精神交往在这里还是人们物质行动的直接产物。表现在某一民族的政治、法律、道德、宗教、形而上学

---

① 关于马克思的"全面生产"中包括"关系生产"，复旦大学的孙承叔教授也持相同的观点。孙先生认为："在马克思看来，社会有机体是物质生产、精神生产、人类自身生产和社会关系再生产四种生产的统一。"参见孙承叔《是一种生产，还是四种生产？——读〈1857－1858年经济学手稿〉》，《东南学术》2003年第5期。

② 《马克思恩格斯文集》第1卷，人民出版社，2009，第532页。

③ 《马克思恩格斯文集》第4卷，人民出版社，2009，第15～16页。

等的语言中的精神生产也是这样”[①]。这样，在物质生产之上，还存在精神生产，而物质生产决定着精神生产：“从物质生产的一定形式产生：第一，一定的社会结构；第二，人对自然的一定关系。人们的国家制度和人们的精神方式由这两者决定，因而人们的精神生产的性质也由这两者决定。”[②]

人要进行物质生产，还必须有一个基本的前提条件：自然界。马克思指出：“人们所处的各种自然条件——地质条件、山岳水文地理条件、气候条件以及其他条件。任何历史记载都应当从这些自然基础以及它们在历史进程中由于人们的活动而发生的变更出发。”[③]马克思把外界自然条件划分为两大类，即“生活资料的自然富源，例如土壤的肥力，渔产丰富的水域等等；劳动资料的自然富源，如奔腾的瀑布、可以航行的河流、森林、金属、煤炭等等”[④]。马克思看到了自然环境的变化对人类社会及其生产的影响：“人所处的自然环境的变化，促使他们自己的需要、能力、劳动资料和劳动方式趋于多样化。”[⑤]马克思认为自然资源对人类社会发展的意义是随着社会发展水平的提高而不断变化的。他指出：“在文化初期，第一类自然富源具有决定性的意义；在较高的发展阶段，第二类自然富源具有决定性的意义。”[⑥]既然自然界对人的生存和发展包括对人的物质生产活动起着前提性的基础作用，这就意味着，在马克思全面生产的理论中，应当包括生态生产。

人类周围的生态环境系统是整个自然界的一个组成部分，它是生物群落（即一定区域里生物的集合）与环境间不断进行物质循环和能量流转而形成的统一整体。生态系统内部的物质循环和能量流动，促使其生生不息，不断向前发展演化。习近平总书记就指出：

① 《马克思恩格斯文集》第1卷，人民出版社，2009，第524页。
② 《马克思恩格斯全集》第26卷（上），人民出版社，2016，第296页。
③ 《马克思恩格斯文集》第1卷，人民出版社，2009，第519页。
④ 《马克思恩格斯文集》第5卷，人民出版社，2009，第586页。
⑤ 《马克思恩格斯文集》第1卷，人民出版社，2009，第587页。
⑥ 《马克思恩格斯文集》第1卷，人民出版社，2009，第586页。

“生态是统一的自然系统，是相互依存、紧密联系的有机链条。人的命脉在田，田的命脉在水，水的命脉在山，山的命脉在土，土的命脉在林和草，这个生命共同体是人类生存发展的物质基础。”①

英国约克大学环境系教授、海洋保护生物学家卡鲁姆·罗伯茨在其《假如海洋空荡荡：一部自我毁灭的人类文明史》一书中就曾描述了深海鱼类的生息情况：“深海的生产力甚至比公海还低。大多数生活在海沟的动物，几乎完全依赖来自浅水区的食物，像在阳光可及处水中植物所产生的有机物质，以及动物尸体和植物上飘落的一点点食物。这些有机物从阳光可以照射到的水层，像雪花般下沉到黑暗中。有些动物则会更加积极地去寻找食物，在夜晚从深层水域上升到浅层水域觅食。虽然养分贫乏的公海海域生产力很低，食物来源非常有限，但它们仍然提供了海洋食物网中的一个重要环节，将食物从海洋表层带到深海中殷殷期盼的掠食者口中。”② 总之，我们把生态系统的这一动态发展过程，看作生态系统的生产和再生产过程，简称为生态生产。生态生产有其自然性的和社会性的两重含义。其自然性的含义是指构成生态系统的各要素之间在相互依存、相互制约、相互作用的过程中所进行的物质循环和能量流动。由这个定义可以看出，生态系统内部的物质循环和能量流动，是生态系统进行生产和再生产的基本方式。正是在这种循环和流动中，生态系统内部的各种要素及其相互关系不断地得到更新和再生。生态系统在进行生产和再生产的过程中，滋生了这样几种基本的“力”：生态生产能力、生态自净能力、生态自我调节或自我组织能力、生态稳态反应能力等。生态生产的社会性含义是指对人类来说，应将生态系统的发展当作一种生产过程来看待，目的是促使自己要像抓物质生产、精神生产那样去保护生态环境，开展生态建设，促进生态系统的良性发展。

长期以来，我们在马克思、恩格斯的全面生产理论中，只读出

---

① 习近平：《推动我国生态文明建设迈上新台阶》，《求是》2019 年第 3 期。

② 〔英〕卡鲁姆·罗伯茨：《假如海洋空荡荡：一部自我毁灭的人类文明史》，吴佳其译，北京大学出版社，2016，第 285 页。

了物质生产、精神生产、人口生产等内容，而忽视了生态生产的含义，这既不符合马克思、恩格斯全面生产理论的真实原貌，又与客观现实相悖，使得“全面生产”出现了重大缺失。从根源上讲，社会生产包括物质生产、精神生产和人口生产等是生态生产的分支，是生态生产的派生物。当生态生产发展到一定的阶段，才从生态系统的怀抱中诞生了人类。有了人类，就有了物质生产、精神生产等。当在生态生产的基础上，诞生了物质生产、精神生产、人口生产这些社会性的生产之后，也就有了生态生产和社会生产之间既对立又统一的辩证关系。而这种辩证关系的核心就是社会生产特别是社会的物质生产、精神生产等的发展，一定要适应生态生产发展状况的规律，具体说要使社会生产生态化。

总之，马克思和恩格斯的全面生产理论，为我们认识和构建人与自然生命共同体提供了重要的理论基础。构建人与自然生命共同体当然离不开上述诸种生产实践活动的协调统一，但其中的生态生产具有特别的意义，它是横跨人与自然两大系统并对其他生产形式起着严格约束作用的生产形态，也就是说，在构建人与自然生命共同体的进程中，生态生产发挥着直接的骨干性的作用。

第二节　关于生态生产含义的进一步探讨

人类周围的生态环境系统是整个自然界的一个组成部分。它是生物群落（即一定区域里生物的集合）与环境间不断进行物质循环和能量流转而形成的统一整体。生态系统内部的物质循环和能量流动，促使其生生不息，不断向前发展演化。我们把生态系统的这一动态发展过程，看作生态系统的生产和再生产过程，简称为生态生产。生态生产有其自然性的和社会性的两重含义。其自然性的含义是指构成生态系统的各要素之间在相互依存、相互制约、相互作用的过程中所进行的物质循环和能量流动。由这个定义可以看出，生态系统内部的物质循环和能量流动，是生态系统进行生产和再生产的基本方式。正是在这种循环和流动中，生态系统内部的各种要素及其相互关系不断地得到更新和再生。生态系统在进行生产和再生产的过程中，具有这样几种基本的力：生态生产能力、生态自净能力、生态自我调节或自我组织能力、生态稳态反应能力等。生态生产的社会性含义是指对人类来说，应将生态系统的发展当作一种生产过程来看待，目的是促使人类自己要像抓物质生产、精神生产那样去保护生态环境，开展生态文明建设，促进生态系统的良性发展。

生态系统是由生产者、消费者、分解者和非生命物质四部分组成的，而这几部分又正是构成生态生产的基本要素。生态生产的这些要素，并非彼此孤立、静止不变的死的东西，它们之间存在相互依存、相互制约、相互渗透、相互转化的密切关系。这样，健全的生态生产，实际上必须具备两个基本的条件：一是指构成要素的不可缺少性或构成要素应有足够的数量保证。就是说，构成生态生产的基本单元或要素是缺一不可的，缺少了其中的任何一个，生态生产就无法正常进行；换言之，构成要素在数量规模等方面应有一定的限度，如果构成要素在数量上减少如出现枯竭的现象，生态生产也无法有效进行。二是指生态生产各要素之间，要有一种优化协调的关系。这种关系，可以看作生态生产关系或生态关系。所谓生态关系，是指生态生产各构成要素之间特别是生态环境与人类社会之间，所具有的相互适应、相互制约、相互促进、平衡有序、协调发展的关系。其具体表现为生态系统在一定时期输入与输出的各种物质的数量大致相等，经过系统流动的物质元素保持协调的比例，物质循环在生态系统各个环节的移动速度大致均衡，来自外界的污染物不应超出系统自身的自净能力等。

生态系统各构成要素的不可缺少性，或各构成要素应有足够的数量保证与各要素间优化协调的关系，实际上构成了生态系统的平衡和稳定。而生态平衡或生态稳定又是生态生产的必要形式，只有在这种形式或状态下，生态生产才具有最大的生产力和最高的生产量。可见，要想扩大生态生产的产量，提高它的质量，维护生态系统的平衡和稳定是十分必要的。

完整的生态生产，包括三个基本的环节：生物生产环节、能量流动和转化环节、物质循环环节。生物生产环节是生态生产的直接形式或基础。当然，这种生产环节其实就是一种转化。它包括把太阳能转化为化学能的第一性生产，即初级生产，也包括把化学能经过动物的生命活动转化为动物机体的第二性生产，即次级生产。能量流动和转化是生物经过生产环节生产出来的能量在生态系统中的分配与消耗。这种分配与消耗是通过食物链的方式实现的。能量总要以一定的物质为载体，它的流动离不开物质的循环。这就是在环境、生产者、消费者、分解者之间进行的营养物质循环和在大气圈、水圈、土壤圈、岩石圈之间进行的物质循环。

如同社会的其他生产特别是物质生产的发展有其自身的规律一样，生态生产在运行发展的过程中，也有其基本的规律。由于人类和生态系统或人与自然处在密不可分的统一体或共同体中，因而这些规律对人类的活动也就具有了重要的规范和惩戒的作用。生态生产的基本规律有这样几条：

第一，整体协调规律。生态系统是一个有机联系、相互制约的整体，某一方面发生变化，必然引起其他方面的变化，“牵一发而动全身”。因此，人类在处理生态问题时必须具备全局观念，在改造自然时，必须周密考虑可能给生态生产带来的种种影响。卡鲁姆·罗伯茨在其《假如海洋空荡荡：一部自我毁灭的人类文明史》一书中就具体描述了在人类对鲱鱼的破坏性捕捞下所导致的渔业崩溃的情况：“这些属于鲱鱼家族的鱼，或是类似鲱鱼，被称为‘饵料鱼’。它们对于维持海洋食物链的稳定，有着极为重要的作用。它们直接食用微小的浮游植物和动物，在将养分转化为肌肉后，成为较大型动物像海洋哺乳类和鸟类的食物。吸引渔民的巨大鱼群，同时也会引来掠食者。”[1] 然而不幸的是，现今农业市场上对诸如大西洋油鲱

---

① 〔英〕卡鲁姆·罗伯茨：《假如海洋空荡荡：一部自我毁灭的人类文明史》，吴佳其译，北京大学出版社，2016，第121页。

有着近乎无尽的需求，使得这种渔业规模持续扩大，这一状况一直持续到20世纪。“然而，仅仅过了半个世纪，人类取用鲱鱼的数量便急剧上升，其程度高到足以触发这种超级丰沛的渔业资源为之崩溃，而许多其他渔业也将相继崩溃。”[①] 因此，“在生态环境保护建设上，一定要树立大局观、长远观、整体观，坚持保护优先，坚持节约资源和保护环境的基本国策，像保护眼睛一样保护生态环境，像对待生命一样对待生态环境，推动形成绿色发展方式和生活方式”[②]。

第二，供给量或支付量要小于自身生产量的规律。生态系统通过自身的生产活动，使自己拥有的各种资源或物质贮备不断得到补充、更新和再生，从而为人类和其他动物群体提供着源源不断的资源和食源。然而这种“源源不断”是有条件、有限度的。只有在生态生产收支相等或收大于支的情况下才能维持。这就要求人类从生态系统中索取的物质能量必须小于它自身的生产量，以使它能够得到足够的补偿或恢复，从而不断维持其自身再生能力。如果人类以“杀鸡取卵”“竭泽而渔”的方式对待生态系统，就必然会破坏生态系统的生产和再生产，也会使自己失去各种资源的根本来源，这显然会将人类自己置于很危险的境地。

例如，海洋曾经是孕育生命的摇篮，为生命的繁衍提供着极其重要的保障——海洋为地球提供了70%的氧气，吸收了人类排放到大气中30%的温室气体。海洋如此重要，但人类却在不断伤害着它——化学物质、塑料、垃圾……这些人类生产和生活的糟粕正源源不断地被排进海洋。然而，人类对海洋的伤害绝不仅限于此，更为可怕的是，我们已经从海洋中随心所欲地拿走了太多的东西，伴随着人口及其需求量的增多，大规模的商业捕捞已经将许多鱼类推向灭绝的边缘。当一些现代化的技术和工具被运用于捕捞活动时，辽阔的海洋再也不是鱼儿的乐园。“近年来海洋和沿海发生的过度捕

---

① 〔英〕卡鲁姆·罗伯茨：《假如海洋空荡荡：一部自我毁灭的人类文明史》，吴佳其译，北京大学出版社，2016，第126页。

② 《习近平关于全面建成小康社会论述摘编》，中央文献出版社，2016，第183页。

捞，是造成许多负面影响的重要因素。”[①] 联合国粮农组织的统计表明，全球80%的鱼类资源被过度开发，处于枯竭或崩溃状态；自20世纪50年代以来，90%的大型掠食性鱼类，如鲨鱼、剑鱼和蓝鳍金枪鱼数量急剧下降。而自20世纪90年代全球捕捞量达到最高水平9380万吨之后，已经处于快速的下降之中。一些动物保护专家就预测，如果人类继续以目前的速度捕捞下去，到了2050年前后，海洋很可能会变得空空荡荡。“这些灾难性的渔业崩溃，表明人类与鱼的关系已经发生了改变。很显然，人类现在已经有了足以将鱼类族群推至崩溃境地的能力，哪怕是一直维持高生产力的渔业也不例外。赫胥黎在1883年时曾断言：伟大的海洋渔业是取之不尽、用之不竭的，然而，这一观点早已被证明是错误的。”[②] 就我国而言，从北到南，我国近海的鱼越来越小，渔民也越来越少。当前，我国渔船在近海捕捞的一个普遍而不安的现状是，“以小鱼杂鱼为主要收获，兼或捕了几条大鱼”。有专家就指出，如果对近海处尚未成熟的幼鱼进行过度捕捞，对其繁殖能力、再生能力的破坏将是致命性的。事实上，当渔民们以一网打尽的方式和竭泽而渔的态度进行捕捞时，海洋生态怎能不出现赤字？渔业资源怎能不出现枯竭？卡鲁姆·罗伯茨就沉痛地指出：“人类长久以来对大海物种数量的影响，造成了如今海洋生产力衰退的状态。”“随着时间流逝，钓到大鱼的机会越来越少，赞恩·葛雷、雷·坎农和其他人的功迹获得了近乎神话的地位。他们书中描述的那些画面：数量难以估算的鱼群翻滚、扰动、拍打着水面，在今天看来，更像是虚构的小说，而不是真实的报道。然而，这些生命的毁灭绝不是虚构的，而是实实在在已经发生的。”[③]

第三，自我调节规律。生态系统在演进的过程中，能自行调节

① 〔英〕卡鲁姆·罗伯茨：《假如海洋空荡荡：一部自我毁灭的人类文明史》，吴佳其译，北京大学出版社，2016，“前言”第14页。

② 〔英〕卡鲁姆·罗伯茨：《假如海洋空荡荡：一部自我毁灭的人类文明史》，吴佳其译，北京大学出版社，2016，第190页。

③ 〔英〕卡鲁姆·罗伯茨：《假如海洋空荡荡：一部自我毁灭的人类文明史》，吴佳其译，北京大学出版社，2016，第253页。

和组织自身的生产和再生产。例如，若构成生态系统的食物链网中某一渠道出了问题，它可以自动通过其他渠道代偿，以达到新的平衡；如果外部输入突然增加或对外输出骤减，它也会自动进行调节，抵消外来冲击。生态系统正是通过这种自调能力，以确保其生产活动能始终在一种平稳、有序的状态下顺利进行。但是，生态生产的这种自我调节能力是有限的，超过一定的限度，它的这种自我调节能力就会下降甚至丧失。

第四，保证食物链畅通规律。食物链是生态系统进行生产时所需原料和能量来源及生态产品分流外运的基本渠道，因而食物链畅通就成了生态生产得以进行的一个重要条件。食物链只有环环相扣，才能保证其渠道的畅通，如果某一环脱节就有可能导致生态结构和生态功能的受损和降低。特别是一些草食性动物一旦断绝（主要是人为造成的）了它的食物来源，就会将它们置于死地，这样一来，以这些动物为食的其他动物以及相关的多种动物也会受到严重的生存威胁。所以，人类应积极保护生物圈中的动植物群落，不能轻易地去消灭一些生物群体，要维护生态系统的整体协调，确保生态生产在食物链畅通情况下的正常运转。

第三节　生态生产和社会其他生产的辩证关系

自从地球上诞生了人、有了人与自然的关系——具体说当人类通过自身的物质生产等活动越来越强烈地改造和影响生态系统的时候，生态生产就不可能具有纯生态或纯自然的性质。因而，要想进一步了解和把握生态生产，就有必要将其与社会领域的其他生产活动特别是物质生产结合起来，从它们之间相互关联的角度对其做进一步的分析和研究。这同时也有助于人们对社会生产进行准确的把握和理解。

长期以来，人们总是将社会生产划分为物质生产、精神生产、人口生产等几种形式。这样的划分，往往使人忽视了社会生产得以生成和发展的自然前提，而这种自然前提就是生态生产。社会生产和生态生产之间具有密切的关系。从根源上讲，社会生产是生态生产的分支，是生态生产的派生物和人类形式。当生态生产发展到一定的阶段，才从大自然的怀抱中诞生了人类。有了人类，就有了属人的物质生产、精神生产、人口生产等。当在自然界的运动发展或自然生态生产的基础上，诞生了物质生产、精神生产、人口生产这些社会性的生产之后，也就有了生态生产和物质生产、精神生产、人口生产之间既对立又统一的辩证关系。生态生产与物质生产、精神生产、人口生产这几种生产形式有着明显的不同。第一，后几种生产完全是由人来承担的，是以人为主体而进行的生产活动；但生态生产不完全是由人所承担的，它还有多种其他特定的"承担者"。但需要指出的是，人也是影响并参与生态生产的一个十分重要的因素，以至于在今天想要真正改善生态生产的现状，人成了一个主导性的因素。还是以海洋鱼类生态系统为例，卡鲁姆·罗伯茨认为："当捕捞速度超过物种的生产速度时，还是有三种方法可以从海洋中捕捉到更多的鱼——捕捞不同种类的鱼、换到不同的地方捕鱼，或者少捕一点鱼。"① 当前，在世界范围内包括在中国，大多实行了休渔制度，这可以看作在人工干预下对海洋渔业生产的一种恢复和保护。第二，既然后几种生产都是人的活动，那么它们总是按照人的愿望和要求开展或进行的，而生态生产总体上讲是不依人的意志为转移的，它具有优先自在的特质。就目前来看，尽管人类对生态系统及其生产活动具有巨大的干扰和控制作用，但人类永远也不可能改变生态生产在发展规律和运行方式上的特殊性。第三，后几种生产特别是人的物质生产、人口生产具有无限发展的趋势和无限需求的品性，而生态生产在一定的单位时间内，其在发展的速度、规模和产品的供应上，一般是恒定的、有限的。这样，就形成了"无限需求"和"有限供应"的矛盾。美国著名左翼学者约·贝·福斯特

① 〔英〕卡鲁姆·罗伯茨：《假如海洋空荡荡：一部自我毁灭的人类文明史》，吴佳其译，北京大学出版社，2016，第165页。

在其《生态革命——与地球和平相处》一书中，就揭露了资本主义经济制度与生态环境之间所存在的“无限”和“有限”的矛盾。他指出，“今天，地球上每个主要的生态系统都在衰退。无论我们走向何方，环境公平的问题都变得愈加突出和紧迫。事实上，定义资本主义为一种世界制度并决定其积累制度的阶级/帝国主义战争，是一个不知极限为何物的不受控制的世界主宰。在这种致命冲突中，自然界仅仅被看作是世界社会统治的一个工具。因此，以这个逻辑，资本强加了一种实际上焦土地球的策略。全球生态危机日渐涵盖所有领域，这是资本主义经济快速全球化所具有的破坏性失控的产物，因为它只关注其自身的几何级扩张”①。因而，当今世界的所谓“可持续发展成为不惜任何生态代价的可持续资本积累”②。在泰勒看来，“工业资本主义就好比是一辆只有加速器而没有刹车的汽车”③。

生态生产和社会生产有相互对立的一面，也有其相互统一即相互依存、相互渗透、相互转化的一面。生态生产和社会生产之间所存在的这种统一关系，我们可用生态生产的社会化或人化和社会生产的生态化或自然化来加以表述。

所谓生态生产的社会化或人化，是指整个生态系统的生产和再生产，已经渗入人的因素，越来越多的生态生产已被纳入物质生产的过程中，逐步发生着人类所希望的或有利于人类的变化。生态生产的社会化，实际上是人类以物质生产为中介而对生态生产所进行的控制、改造和利用。所谓社会生产的生态化，是指要将物质生产、精神生产、人口生产等的发展放置到生态系统的大背景下去加以审视和认识，在具体的实践过程中，使其严格遵循生态生产的运行规律；衡量它们的优劣、成败，还必须具有生态学方面的标准，看它们是否促进了生态生产的发展，能否带来环境方面的效益；其具体

---

① 〔美〕约·贝·福斯特：《生态革命——与地球和平相处》，刘仁胜、李晶等译，人民出版社，2015，第37～38页。

② 〔美〕约·贝·福斯特：《生态革命——与地球和平相处》，刘仁胜、李晶等译，人民出版社，2015，第34页。

③ 〔美〕格雷姆·泰勒：《地球危机》，赵娟译，海南出版社，2010，第17页。

运行是否保持了生态生产物质循环渠道的畅通，维持了物质储备的动态平衡，保持了生态生产的自净能力、自我调节能力的限度，等等。社会生产的生态化，实际上是人类依据生态生产运行的基本规律而对物质生产、精神生产、人口生产等进行的反控制、反改造。

生态生产的社会化和社会生产的生态化，是辩证统一、不可分割的。但长期以来，人们所关注的主要是生态生产的社会化，而忽视了社会生产的生态化要求。这就使得社会生产和生态生产之间出现了越来越不相协调、不相适应的情况，即它们之间存在尖锐的矛盾，社会生产的发展大于或快于生态生产的发展，从而使生态生产遭受到空前严重的冲击。目前，生态生产极端社会化的趋势，已经造成非常严重的后果：其一，生态生产的规模和面积在不断缩小，其内在的许多基本要素在不断减少甚至消失；其二，生态生产的亏损日趋严重，其生产能力在大大下降，产量严重降低，已越来越难以满足人类和其他动物的需求；其三，生态条件严重恶化，生态生产的"有害物质""劣质产品"日益增多，人类来自环境系统的"熵流"在增加。以中国为例，改革开放 40 年来，尽管我国取得了巨大的发展成就，但我们在发展中却面临着严峻的环境问题。2019 年 5 月，由西安交通大学等单位完成的《中国环境质量综合评价报告 2018》正式发布。报告指出，环境污染方面，全国污染程度呈现持续恶化趋势，1996～2015 年的 20 年间，污染指数从 44.52 上升为 137.65。[①] 对此，习近平总书记也明确指出："多年快速发展积累的生态环境问题已经十分突出，老百姓意见大、怨言多，生态环境破坏和污染不仅影响经济社会可持续发展，而且对人民群众健康的影响已经成为一个突出的民生问题，必须下大气力解决好。"[②]

人类要想处理好社会生产与生态生产的相互关系，真正实现社会生产的生态化要求，就必须遵循这样一条基本的规律：社会生产特别是其中的物质生产发展和人口生产发展要适应生态生产发展状

---

① 参见《中国质量报》2019 年 5 月 6 日相关报道。

② 《习近平谈治国理政》第 2 卷，外文出版社，2017，第 392 页。

况的规律。

就物质生产发展要适应生态生产发展状况的规律来看，其具体含义是指：其一，物质生产的发展不能大于或快于生态生产的发展，不能超出生态生产本身的供应极限或承载极限，人类的物质生产要提倡一种适度的发展。这是从物质生产发展的速度和规模等方面而言的；其二，人们在从事物质生产时，不仅要追求经济效益、社会效益，还要追求生态效益或环境效益，要遵循生态生产运行的基本规律，合理开发和利用自然资源，减少对环境的污染，不断促进生态生产的良性发展。这是从物质生产的具体运作方面而言的。习近平总书记指出："人类发展活动必须尊重自然、顺应自然、保护自然，否则就会遭到大自然的报复，这个规律谁也无法抗拒。"① 就人口生产发展要和生态生产的发展相适应的规律来看，其核心含义是指，人口生产要和生态生产保持动态的平衡，人口发展的数量和规模不应超出生态环境所能容纳的限度和生态生产所能供应的极限。在一定的条件下，生态生产循环的速度是有限的。它向外界提供的产品即物质能量，也是一个常数。在这种情况下，如果处在生态环境这一自然基础之上的人口数量或规模，无限制地增长或扩大，势必造成生物圈不堪重负的局面，损害生态系统的结构和功能，破坏生态生产的正常进行，甚至使其发生崩溃。

对于中国长达几十年的计划生育政策，国内外的一些人总有这样那样的议论和看法。尽管认识上有分歧，但必须承认的是，中国的计划生育确实取得了了不起的成绩，因为四十多年来，中国少生了四亿多人。这是改革开放以来中国人的生活水平得以提高的重要利好因素或条件。试想，如果中国不施行计划生育，如果现今的中国有十七八亿人口，那么，我们在生态生产以及物质生产等方面会面临何等大的压力？在人口问题上，我们曾发生过人"口"论和人"手"论的争论。有的人只看到了人具有"手"即能劳动的一面，而忽视

---

① 《习近平谈治国理政》第2卷，外文出版社，2017，第394页。

了人还有“口”即要消费的一面。其实，人作为“消费者”具有绝对性或无条件性：任何人在任何时候，都是消费者。这意味着，人越多，消费压力越大。而人作为“劳动者”则具有相对性即有条件性：并不是所有人在任何时候都是劳动者，使用“童工”就是违法的，年老体弱的人一般都丧失了劳动能力，但他们都是实实在在的消费者；还有，要成为劳动者并取得现实的劳动效益也是有条件的，即要有劳动岗位或劳动对象或劳动工具等。相反，人口增长过快，就意味着青年人多，就业压力大、就业岗位少，就意味着潜在的劳动者多，而无论是潜在的劳动者还是现实的劳动者，他们都是消费者。当潜在的劳动者积聚过多并不能迅速变为现实的劳动者的时候，根据青年人指数，社会就容易发生动荡或内乱。因此，对我国乃至全世界而言，要想真正构建人与自然生命共同体、实现可持续发展，还要适当管控好人口的发展，做好人口生产工作。

物质生产的发展和人口生产的发展，一定要适应生态生产发展状况的规律，是社会生产生态化的基本内容。但社会生产对生态生产的适应，是一种积极主动的、富有建设性的适应，是一种人类在对生态系统及其生产活动进行改造、控制和利用的过程中所做的积极的适应。人类在校正社会生产行为的偏差、控制社会生产膨胀发展的同时，还要运用科学技术等手段，去增强生态生产的功能，优化它的结构，提高它的自组织水平，扩大它的生产量，从而在实现人与自然、社会生产和生态生产协调发展的前提下，使生态生产能更好地满足人类的基本需求。

第六章
从价值责任看待人与自然生命共同体的构建

从价值哲学的视角看待人与自然生命共同体的构建可以获得一种新的认识。在价值哲学领域盛行的“价值效用说”具有主体至上主义的性质，这是造成当今价值危机乃至整个人类发展危机的总的价值论根源。为了克服价值危机，构建人与自然生命共同体，实施可持续发展，就必须超越主体至上主义的“价值效用说”，把伦理责任引入价值范畴，从而建构一种“效用”与“责任”相统一的新的科学的价值论。

第一节　主体至上主义的“价值效用说”及其价值危机

新时期以来，国内哲学界在长达三十年的关于价值哲学的研究中，形成了一系列具有较强共识性的观点，其中就包括“价值关系说”和“价值效用说”。“价值关系说”认为，价值不是一种实体，它既不能归结为主体及其需要，也不能归结为客体及其性能，而是存在于主体和客体之间的一种特定关系。然而，“凡是有某种关系存在的地方，这种关系都是为我而存在的”。[①] 换言之，价值既然是一

① 《马克思恩格斯选集》第1卷，人民出版社，2012，第161页。

种关系，它也必然具有“为我性”。于是，由“价值关系说”可逻辑地引出在价值论研究中几成“铁论”的“价值效用说”。“价值效用说”认为，价值是事物对人的需要而言的某种有用性或对人的意义，或是指客体的存在、作用以及变化对于一定主体需要及其发展的某种适合、接近或一致。

从某种意义上说，“价值效用说”是国内价值论研究领域具有支配地位的一种观点。众多的探讨价值问题的著述几乎无不是从价值对主体需要的满足的“效用”或“意义”的角度来展开对价值范畴的论述或以之为基点来建构价值哲学体系的。例如，学者们或认为价值是“客体以其属性满足主体需要和主体需要被客体满足的效益关系”[①]；或认为“价值就是客体与主体需要之间的一种特定（肯定与否定）关系”[②]；或认为“价值是指主客体关系的一种内容，这种内容就是：客体是否满足主体的需要，是否同主体相一致、为主体服务”[③]；或认为“价值就是在人的实践—认识活动中建立起来的，以主体尺度为尺度的一种客观的主客体关系，是客体的存在、性质及其运动是否与主体本性、目的和需要等相一致、相适合、相接近的关系”[④]；或认为价值就是“主客体相互作用的产物，是客体对主体的作用和影响，即客体对主体生存发展完善的积极效应”[⑤]；等等。

显然，“价值效用说”是基于人的主体性的角度而对价值关系的“为我性”的一种把握，反映的是“物对人的趋近”而非“人对物的趋近”。然而十分不幸的是，在现实的价值实践中，价值的“为我”性，基本上被异化成了“唯我”性，这就是说，“价值效用说”其实表达的是一种“主体至上主义”的观点。而这种“主体至上主义”的“价值效用说”已经导致十分严重的价值危机现象。

---

① 李秀林、王于、李淮春主编《辩证唯物主义和历史唯物主义原理》，中国人民大学出版社，2004，第306页。

② 李连科：《价值哲学引论》，商务印书馆，1999，第70页。

③ 李德顺：《新价值论》，云南人民出版社，2004，第30页。

④ 孙伟平：《事实与价值》，中国社会科学出版社，2000，第99页。

⑤ 王玉樑：《关于价值的几个问题》，《新华文摘》2008年第24期。

价值危机的发生主要有两个方面的原因：一是价值观念的单一化或片面化，二是价值实践的自我中心化或极端化。所谓价值观念的单一化或片面化，是指现有的价值理论或价值学说只是立足于“价值效用说”的基点上把握价值问题，或仅仅把价值主体看作“需要人”或“利益人”，仅仅基于对人的有用性的角度来把握客体及其性能，仅仅从对人的需要满足与否方面进行价值评价活动，或者说现有的价值理论认为，客体对主体的有用性或客观世界对人的意义问题构成了一切价值的根据和基础或核心内容，从而呈现出了鲜明的主体一维性或价值关系单边化的特征和倾向。所谓价值实践的自我中心化或极端化，是指在具有一维性和单边化的价值观念的指导下，人们只是从“我”的角度来把握主客体之间的关系，只是从“我”的需要满足和利益实现的角度来设计价值目标并从事价值创造活动，而且往往采取一种不当或不合理甚至有害的手段实现价值目标，从而在价值实践中呈现出一种自我利益最大化或极端化的现象。

在价值主体和价值客体的矛盾关系中，如果人们的价值观念片面化和价值实践自我中心化，势必会对价值客体的存在及其发展造成损毁和破坏，出现主体的发展是以客体的不发展或“反发展”为代价的情况。例如，就自然客体而言，长期以来，人们一直把资源环境看作自己生产生活的“原料库”和“垃圾场”，只知一味向大自然开发索取人类赖以生存和发展的物质资料即物质的精华，同时又经常化地把在生产和生活中造成的废弃物不加限制或约束地直接排向自然界，这就造成对自然客体的严重破坏，致使人与自然之间的价值关系持续尖锐对立，一系列天灾频频发生。“地球曾经是生命的乐园，如今却被人类糟蹋得满目疮痍，破败不堪!”[①] 在人与人或人与社会的价值关系领域，拜金主义、享乐主义和极端利己主义、极端个人主义等可以说是人的价值观念片面化或一维化的典型表现。而在这种主体至上主义价值理念的支配下，人们在社会生活中往往

① 〔美〕纳什：《大自然的权利》，杨通进译，青岛出版社，1999，第1页。

表现出自我利益最大化的价值趋向，要么只是向社会主张和诉求自己的权益，而不知回报或承担自己应该履行的社会义务；要么将我的利益凌驾于社会利益和他人利益之上，从而造成社会领域价值关系的紊乱和失调；要么以一种不良的或恶意的手段来实现自己的利益从而给社会或他人造成较大伤害。社会生活中诸如“事不关己，高高挂起”“各人自扫门前雪，莫管他人瓦上霜”“老鼠过街人人不打”“见死不救”“损人利己”“知恩不报”等大量现象，反映了一些人见利忘义、社会责任感淡漠的事实。就精神客体而言，价值观念的片面化和价值实践的自我中心化，主要表现为：人们常常急功近利地对待精神客体，或断章取义，只取我需；或抄袭剽窃，以一种赤裸裸的极其功利化的手段来对待精神客体；或制造一些黄色、媚俗仅满足价值主体感官刺激的“精神垃圾”或“精神污染”；等等。

在古希腊哲学家普罗泰戈拉提出的“人是万物的尺度”的命题、霍布斯对个人主义的宣扬、边沁和穆勒等功利主义者对快乐和幸福的强调、康德义务论等对动机的突出以及现代绝对人类中心主义的理念中，我们可以探察到“价值效用说”的理论渊源。在一定意义上，传统的“价值效用说”赋予人的价值实践乃至整个人类实践的主要是一种“工具理性”的意义，它只关注人的需要及其满足的情况，只重视如何更多、更快、更好地向价值客体索取，而在相当程度上忽视或放弃了对价值客体的应有的奉献与回报以及对其他价值主体的尊重和关爱。至于这样做所造成的“负价值”或“反负值”的现象则不在“价值效用说”所关注的视野之内。在国内价值哲学界关于价值本质问题的研究上，无论是主体性人学价值论、人道价值论，还是主客体统一论、效应价值论等[①]均属于“价值效用说”的范畴，均具有主体至上主义的特质。而一系列价值危机的出现及其严重化，其实宣告了传统的主体至上主义的“价值效用说”已经走到了尽头。因此，伴随着人的实践的变化和认识的深化，有必要

① 参见王玉樑《20年来我国价值哲学的研究》，《中国社会科学》1999年第4期。

对价值理论进行与时俱进的改造。具体而言，为了克服价值危机乃至当今整个人类所面临的生存危机，有必要在价值范畴中引入责任关怀的内容，或者说，我们对价值范畴的认识，不应仅仅停留于价值效用的层次，还应进一步上升到价值责任的高度，要同时兼顾到对价值客体的责任关怀问题。

第二节　价值范畴中的伦理责任内涵

人总是在自身需要的驱使下来从事对外在事物的认识和改造活动。但与动物不同的是，人的需要不可能只是依靠从自然界中取得现成的天然物品来满足，而主要通过生产劳动等实践活动创造出生活资料来满足。当人通过实践活动开发利用外在事物特别是自然客体以满足自身需要的时候，势必会对自然客体的结构、成分、功能等造成或多或少、或大或小的破坏与损害，特别是在这种实践活动出现了偏差或主体的价值实践极端功利化的情况下。这样的破坏如果能被控制在为自然客体所能接受的范围内，还不至于影响自然客体对人的有用性或意义性，但如果这种破坏超出了自然客体本身所能承受的限度，就会使自然客体对人的有用性异变成“有害性”。或既有用，又有害；或有用与有害同步增长；或短期看有用大于有害，长远看则有害大于有用；或在该领域具有有用性，但在别的方面或其他更多的方面则具有有害性或更大的有害性。这时人该怎么办呢？人们当然不会对自然客体的衰败熟视无睹或听之任之，这时一般会采取两种态度：一是约束和完善价值主体的价值创造活动，如要确立合理的价值目标、选择合理的价值手段等——这是从价值主体方面所做的工作；二是积极维护和建设自然客体，恢复增强它能持续不断满足人的需要的结构和性能——这是基于价值客体方面所做的工作。而当我们如此认识价值现象时，显然，伦理责任的概念就出场了，就是说，价值关系中除了效用关系之外还应当具有责任关系。价值的“善”性就通过主体对客体的责任关怀而得到了真正合理的体现。

价值哲学的“责任”范畴，是指价值主体意识到的、自愿承担的对自然客体、社会客体、精神客体及自我客体（主体既可以是主体，也可以是自己的客体或其他主体的客体，当某一个人成为“自我客体”的时候，也有一个权利和义务的关系问题。主体善待自己实际上就是承担对自己的责任，如要珍惜生命、热爱生活、乐观向上等，这些做法或现象其实就是价值主体对作为价值客体的自我所承担的责任的具体表现）等的道德义务，它同职责、使命具有相同的含义。价值责任以价值主体对价值客体的全面、完整、平衡、持续的存在和发展的认定为取向，以价值主体必要的、有意义的给付或奉献、回报为核心，是价值主体针对价值客体所承担的善待、关护之类的职责。

广义的价值责任既表现为价值的法律责任，也表现为价值的道德责任。价值的法律责任具有强制性，它主要指价值主体要承担价值实践的违法行为所引起的不利的法律后果。价值的道德责任主要表现为价值主体依靠精神上的自制力而对责任的自觉认识和行为上的自愿选择。本书主要是从伦理道德的角度来探讨价值责任问题的。

从价值论中能引出责任论吗？或者说，能把责任内容视为价值范畴中内在的、有机的组成部分吗？能在价值实践中实现针对价值客体的责任关怀吗？我们的回答是肯定的。

从价值的本性来看，价值必定是善的，或者说，价值一定具有善的功能和意义。善是最一般的道德概念和伦理学的核心范畴之一。从词源上分析，“善”与“义”、“美”同义，都是“好”的意思。[1]在西方伦理学史上，从苏格拉底到培根再到石里克等，人们都是从荣誉、幸福、快乐、效用等角度来把握“善”的。这表明，在一般的意义上，善是人们在现实社会生活中各方面的需要得到满足的实际价值，是对人而言的“有用性”或“有利性”的伦理价值属性。

---

① 参见王海明《新伦理学》，商务印书馆，2001，第32页。

但在价值实践中，要实现善的价值伦理属性，则必须扬弃和超越主体至上主义的价值效用说及其自我中心化的价值实践模式，即价值之善一定是对主客体间当然意义上的相互依存、共生共荣、双向互利的价值关系的揭示与肯定。或者说，善的价值实践不可能只是关注价值关系的主体维度及主体需要的满足——这样只会导致“价值恶”如价值危机的发生等，它还必须实现针对价值客体的有益性或意义性，即要确保价值客体的全面、平稳和可持续的、有尊严的存在与发展。而要做到“有益于”价值客体，则必须有赖于价值的责任意识的确立和责任实践的开展，因为责任是源于主体而指向客体的“善”的重要表现。在这里，善的价值一定包含着“为我”和“利他”两方面的要求。

就责任而言，在传统的德性论伦理学中，无论中西方几乎都不存在“责任”这一范畴，自从马克斯·韦伯于20世纪初期提出“责任伦理”的概念以来，“责任”逐渐成为应用伦理学的核心范畴和原则之一。一般而言，伦理学界是从两个方面来把握责任内涵的。其一，“责任”即为分内应做之事；其二，由于没有做或没有做好分内应做之事即没有履行“职责”而承担的不利后果或受到的惩处。根据这样的界定，可以从两个方面来把握“责任”概念的内涵：从“责任”的第一层含义看，它说明责任与责任主体的社会角色是紧密联系的，或者说承担责任正是社会角色要求一个责任主体所应当从事的行为，这是从正面的“应然”的角度所理解的一种“角色性责任”；从“责任”的第二层含义看，它说明外在事物（包括社会事物和自然事物等）对责任主体行为不符合社会规范或自然规律等所给予的谴责和惩罚，这是从反面的“实然”的角度所理解的一种“惩罚性责任”。根据责任的这两层含义，我们可引出责任与价值的内在关系。

在价值哲学视域内，责任主体的分内或职责内应做之事，无非包括两个方面的任务：一是人有权利改造利用客体，从而在开发改造利用客体的实践活动中，满足自己的需要、实现自己的利益，这是价值实践基于主体性尺度之求利的一面，是价值主体必须追求或实现效用的职责——这也是确立人之为价值主体的基本的方面；二是人也有义务善待和关护客体，从而在善待关护客体的实践活动中，追求一种全面的和可持续的价值，这是价值实践基于客体性尺度之担责的一面，是价值主体必须履行的不可免除的责任——因为这是衡量价值主体之为现代性价值主体的基本的方面。

就责任的第二层含义即没有做好分内应做之事而必须承担的过失来看，在价值哲学的视域内，当代人类作为最大的“价值主体”正在集体性地以“自作自受”的方式承受着一系列“价值过失”的后果和日益深重的价值危机的惩罚。而这种“价值过失”的后果和“价值危机”的严重化，又以强大的反作用力量迫使价值主体必须承担起针对价值客体的善待关护的责任。

在理论上，我们提出价值责任概念有着充分的理论根据。价值关系是主客体间矛盾关系的一种。如果说人的需要及其满足属于权利、效用、索取之类范畴的话，那么，与之相对应的应该还有一个责任、义务、回报之类的范畴。如果没有这后一种的责任或义务的规定，那么人的权利、效用、索取是不会发生或不会维持长久的。换言之，根据马克思主义的辩证法或矛盾分析法，有权利必有义务，有索取必有回报，有效用必有责任。如果没有这种相互依存的矛盾关系，就不会有价值矛盾的产生及其运动；如果不重视这种矛盾关系的建构、协调和维护，这种价值矛盾关系一定是尖锐对立并会威胁到价值主体的根本利益的。主体与客体、人与物本身就是一对矛盾关系，这种矛盾关系一定是双向互动而非单一单向的。只看到了任何一方或只重视任何一方的权益都不符合主客体相统一的矛盾法则。传统的“价值效用说”只看到了主体的生存和发展的境况而忽视了人对客体的责任和义务，现代的“自然价值说”则在很大程度上只看到了客体的生存及演进的境况而忽视了人的存在，这些都是片面的，并在实践中是有害的。因此，为了追求人的长久的、可持续的需求之满足，就必须把人对客体所应当承担的责任问题纳入价值范畴中来。

理论上的分析表明，价值与责任是不可分的。同样，就现实的价值关系结构及人的价值实践的结果来看，责任也应是价值范畴中不可或缺的组成部分。

价值是主客体之间特定的关系，这就意味着，价值的发生或实现，离不开价值主体和价值客体。价值既具有主体性，因为人是价值的受体；同样，价值还具有客体性，因为客体是价值的载体。或者说，价值离不开客体，客体所具有的能够满足主体需要的性能是价值形成或发生的客观条件。马克思早就明确指出："人靠自然界生活。这就是说，自然界是人为了不致死亡而必须与之不断交往的、人的身体。所谓人的肉体生活和精神生活同自然界相联系，也就等于说自然界同自身相联系，因为人是自然界的一部分。"[①] 正因为"人要靠自然界生活"，因此，"没有自然界，没有感性的外部世界，工人什么也不能创造。自然界是工人的劳动得以实现、工人的劳动在其中活动、工人的劳动从中生产出和借以生产出自己的新产品的材料"[②]。价值客体作为价值主体进行价值活动的对象，其结构、成分、性能等对价值活动提供着客观而必需的"资源环境条件"。同样，如果价值客体遭到人为的破坏、损害，就会直接影响到人的价值活动的可持续进行，这就要求人们必须重视对价值客体的建设保护工作。这种建设保护其实就是价值主体针对价值客体的责任关怀问题。

事实上，马克思也在一定程度上看到了价值与责任的内在关系问题，并在他的相关论述中提出了萌芽性的"价值责任"思想。在《1844 年经济学哲学手稿》中，马克思认为："社会是人同自然界的完成了的本质的统一，是自然界的真正的复活，是人的实现了的自然主义和自然界的实现了的人道主义。"[③] 而这种自然主义和人道主义的彻底的统一只有在"共产主义社会"才能真正实现，因为"这

---

① 《马克思恩格斯选集》第 1 卷，人民出版社，2012，第 55 ~ 56 页。

② 《马克思恩格斯文集》第 1 卷，人民出版社，2009，第 158 页。

③ 《马克思恩格斯全集》第 42 卷，人民出版社，2016，第 122 页。

种共产主义，作为完成了的自然主义，等于人道主义，而作为完成了的人道主义，等于自然主义，它是人和自然界之间、人和人之间的矛盾的真正解决，是存在和本质、对象化和自我确证、自由和必然、个体和类之间的斗争的真正解决”[①]。在这里，马克思实际上论述了“人道主义”和“自然主义”相统一的思想。在马克思看来，单一的“人道主义”和单一的“自然主义”都不可能实现人与自然、人与人之间关系的和谐统一。在《资本论》中，马克思在分析地租理论时指出：“一个民族，以至一切同时存在的社会加在一起，都不是土地的所有者。他们只是土地的占有者，土地的利用者，并且他们必须象好家长那样，把土地改良后传给后代。”[②] 作为主体的“社会”和作为客体的“土地”之间既存在占有利用的关系，还存在善待改良的关系，而这种针对土地的善待改良的行为是确保人类世代利用的前提。显然，马克思在这里已隐约看到了人要像“好家长那样”善待保护土地“客体”的价值责任问题。马克思的有关论述是我们确立“价值责任”思想的重要理论依据。

近些年来，随着生态危机的加剧和人们对生态危机认识的深化，我国一些学者也看到了在人与自然的价值关系（利益关系）中，还存在道德责任关系的问题。如马永庆先生认为，基于人与自然的利益关系，人对自然需要而且必须负一定的道德责任。在他看来，在人与自然之间存在“获得与贡献的关系”。获得是指人为了自己的生存与发展，通过一定的途径和手段从自然中获取一定的物质生活资料和物质生产资料；贡献是指人类从自然界中获得自己的物质需要和一定的生存条件，他需要为大自然的生存发展做出自己的努力，履行作为地球公民的职责。获得与贡献是人与自然关系中的一对重要的矛盾关系，在其中也蕴含着需要解决的道德责任问题。[③] 宋周尧先生认为人是有需要的存在物，人有其功利本性，这必然决定人的

① 《马克思恩格斯全集》第 42 卷，人民出版社，2016，第 120 页。
② 《马克思恩格斯全集》第 25 卷（下），人民出版社，2016，第 875 页。
③ 参见马永庆《论人对自然的道德责任》，《东岳论丛》2000 年第 2 期。

实践是一种创价性活动；人是责任存在物，具有责任规定，这必然决定人的实践应是一种责任活动，创价和责任是人的实践本质的双重整体规定。他还认为，通常人们自觉或不自觉地以实践结果是否满足了主体的利益需要为尺度来评判，这是一种单一的、主体至上的利益价值评价，这种评价虽有其合理的层面，但又有不可避免的缺陷，科学的实践结果的评价尺度应是价值评价与责任评价的契合。[①] 学者们虽然还没有明确提出“价值责任”的概念，但他们的看法有助于我们从责任论的角度思考价值问题。

人是价值责任的实施者或担当者，但人履行什么样的责任以及怎样履行责任，不能取决于人，而要取决于客体，要根据客体自身的规律、结构、性能等做出安排。例如，在人与自然（客体）的价值关系形态中，人要遵循自然的客观规律，确保自然客体的完整性、平衡性及可持续的发展。因为“我们对自然界的整个支配作用，就在于我们比其他一切生物强，能够认识和正确运用自然规律”[②]。在社会（主体）和社会成员（客体）的价值关系形态中，作为客体的人，其对社会主体的“意义”或“有用性”就是要奉献于社会，为社会的建设发展努力工作，积极造福于社会大众；而社会作为主体对其社会成员所承担的责任就是要通过物质文明、精神文明、政治文明和生态文明等建设活动努力满足社会成员不断增长的物质文化需要，使广大民众能在一种负责任的“社会形态”中获得全面自由可持续的发展。换言之，一个没有承担责任或责任承担得不好的社会（国家、政党、阶级、组织等）一般是不得人心的，是要被抛弃的。在个体（主体）和社会（客体）的价值关系形态中，作为个体主体的人，一方面要积极主张并实现好自身的各项合理权益，另一方面还要对社会尽各种各样的义务，善待、尊重和扶助他人等等。

就价值效用与价值责任的关系而言，有责任必有效用，价值效用是价值责任产生的前提和基础。责任是一种关系，但这种关系是

① 参见宋周尧《人：基于一种责任视角的解读》，《长白学刊》2005 年第 4 期。

② 《马克思恩格斯选集》第 3 卷，人民出版社，2012，第 998 页。

以客体对主体的效用性或有用性为前提的。主体为何要对客体承担善待关护的责任呢？在一般的意义上，是因为客体对主体具有有用性，既然主体受益于客体，那么主体就要回报客体，以使主体来自客体的受益性持续地存在下去。可见，效用关系是第一位的，责任关系是第二位的。换言之，责任关系不会发生于毫无联系的事物之间包括人与物、人与人之间，它只发生于存在效用关系的人与物、人与人之间。

虽然在一般的意义上，价值责任是由价值效用或价值功利决定的，并反映着特定的价值效用现实。但另外，价值关系中责任关系的形成或确立，又对价值效用的实现发挥着积极的调节范导作用，它促使着价值主体能以更加理性、更加道义的方式进行价值创造活动，并能在更大的范围内和更长远的意义上实现价值效用。

第三节　责任论视域的价值理论的新规定

缺少了价值的效用追求，人的价值实践就会失去动力和目标；缺少了价值的责任关怀，人的价值实践就会失去它的“善性”与“合理性”，从而导致价值危机的发生。只有实现了价值效用和价值责任的有机统一，才能形成科学的价值理论和价值实践。这就是说，在价值范畴中引入责任关怀的内容，不仅能实现价值哲学和伦理学特别是责任伦理学的有效对接，为伦理学发挥其对社会实践的范导作用提供一条重要的、理想的途径，而且将促使价值理论的发展由传统走向科学、由片面走向全面、由不完善步入相对完善的境地，从而实现对价值理论的系统的、带有革命性的改造，并帮助人们重构全面丰富、可持续发展的价值世界。换言之，包含着责任关怀内容的价值论应当这样来把握：价值观念将获得新的规定；价值主体既是需要主体或“利益人”又是责任主体或“责任人”；价值客体既对价值主体具有有用性或效用性，也对价值主体具有规约性和限定性；价值实践既创造着价值，还承担着针对客体的善待关护的责任；价值评价的依据既要着眼于“人道”，还要着眼于“物道”；另外，确立价值责任范畴，能够合理说明一些重大的价值论和责任论问题。

一　从价值观念的角度分析，确立价值责任范畴，将实现由片面“唯我”的价值观向全面的、“为我”和“利他”相统一的价值观的转变

新的科学的价值观，是对传统的主体至上主义价值观的扬弃和超越，它是“价值效用说”和“价值责任论”的有机统一，是价值实践中“为我”和“利他”的有机统一，或者是在“价值效用说”基础上的“价值责任论”，或是在“价值责任论”限定下的“价值效用说”。如前所述，由于责任关系是价值关系中的有机组成，这样，基于价值主体针对价值客体的必然的责任实践而形成的责任观，无疑成了新的价值观的重要内容。当今时代或社会，存在普遍而严重的责任感弱化甚至丧失的现象，这显然与迄今主流化的主体至上主义的价值观念和价值实践有着密切的关系。因此，将责任关怀的内容或要求引入价值观念和人的价值实践当中，无疑能使价值观念获得一种合理的现代性形态。

在新的科学的价值观看来，价值范畴应当这样被定义：价值是客体以其属性满足主体需要和主体以其责任关怀回报客体的效用与责任关系。或是客体与主体需要和主体与客体关护之间的一种特定关系。或是指主体客体关系的一种内容，这种内容应当是：客体是否满足主体的需要，是否同主体相一致、为主体服务，此其一；其二，主体是否善待回报客体，是否同客体的内在要求和性能相一致、是否尽到对客体的建设关护的责任。或是在人的实践—认识活动中建立起来的，同时以主体和客体尺度为双重尺度的一种客观的主客体关系，是客体的存在、性质及其运动是否与主体性目的和需要以及主体的责任关怀行为是否与客体的内在规律及其性能、要求等相一致、相适合、相接近的关系。或者说价值是主客体相互作用的产物，是客体对主体和主体对客体的共同影响，即客体对主体及主体

对客体共同的生存发展完善的积极效应。

二　从价值主体的角度分析，确立价值责任范畴，将使价值主体由单面的“利益人”或“需要人”向双重的“利益人”和“责任人”统一的方向转化，从而实现对价值主体的科学而合理的重塑

价值责任概念的提出，反映了价值主体不仅具有主动性，还具有源于客体的受动性；反映了价值客体不仅具有对于人的有用性，还具有对于人的责任意义的“要求性”；反映了价值主体不仅对价值客体具有需要性、索取性，而且还对价值客体具有善意的回报性、奉献性。在新的科学的价值论看来，履行责任是价值主体存在和发展的内在规定要素。

价值主体是人，而人是一种理性的、自主的社会存在，人对自己所选择的行为的后果必须承担责任，这应当是无条件的、普遍的和绝对的。同样，作为价值主体，也必须要对自己在价值实践中所造成的不良后果担责，这也是无条件的、普遍的和绝对的。孔子云，“己所不欲，勿施于人”（《论语・颜渊》）、“己欲立而立人，己欲达而达人”（《论语・雍也》），这实际上已经揭示出了伦理责任的基本内涵：人的存在恰是以他人和他物的存在为前提条件的，故就要对他人和他物承担责任。换言之，敢于和善于负责是人之为价值主体的条件，人们在实施自己作为价值主体的行为的同时，也就无可避免地选择了价值责任。诚如韦伯所言：“真正能让人无限感动的，是一个成熟的人（无论年纪大小），真诚而全心地对后果感到责任，按照责任伦理行事，然后在某一情况来临时说：‘我再无旁顾；这就是我的立场。’这才是人性的极致表现，使人为之动容。”[①] 马克思则是从“社会人”的角度来把握人的责任使命问题的。马克思指出：“作为确定的人，现实的人，你就有规定，就有使命，就有任务……

① 〔德〕韦伯：《学术与政治》，钱永祥等译，广西师范大学出版社，2004，第272页。

这个任务是由于你的需要及其与现存世界的联系而产生的。”① 马克思在这里揭示的作为“现实的人”所具有的不可拒斥的“规定、使命、任务”，是对人为责任性存在物的深刻阐释。马克思等人的论述表明，作为处于现实社会关系中的价值主体是无法免除其所担当的“使命”和“任务”的。

大量的价值事实告诉我们，人，只有当他仅仅关注价值效用时，他还只是一个低层次的、主要具有“工具理性”的人，而不是一个真正意义上的具有深刻理性自觉的“道德人”，或者说，此时人还仅受价值功利的奴役和束缚，而不具有完全的自由自觉性。特别是在当前价值功利追求极端化的时代背景下，这种仅仅是价值效用意义的主体显然是一种疯狂的且物化了的社会性存在。而人，只有在他担当了一定的价值责任的时候，他才能成为一个为科学的价值实践所需要的丰富而全面发展的人。这意味着，现代意义的价值主体已不可能仅仅在对客体的改造索取中获得真正意义上的属人的发展，而只有同时在对客体的责任关怀的实践中才能获得健全的发展。承担价值责任，已成为当今价值主体全面自由可持续发展的重要途径。

三　从价值关系的角度分析，确立价值责任范畴，将使价值关系实现由“实然”的对立失调状态向“应然”的协调统一状态的转化

当今人类在社会关系方面面临着严重失调的问题，如有人与自然关系的失调、人与人关系的失调和人的物质与精神关系的失调等。基于价值论的视域观之，这些现实关系的失调其实反映的是价值关系的失调，或是由人的不合理的价值实践造成的。因此，通过确立或倡导价值主体针对价值客体的责任关怀理念及实践以抑制人的极端自我化的功利追求，无疑能大大缓和日趋紧张的价值关系，促使一种真正和谐的价值关系的生成，进而优化整个社会关系。

① 《马克思恩格斯全集》第3卷，人民出版社，2016，第329页。

包含着责任关系的新的价值关系观使我们看到了：价值的主客体之间是一种双向互动的关系，即不仅客体或物趋向于主体或人，而且在一定的程度上和条件下，主体或人也趋向于客体或物。主体趋向于客体和客体趋向于主体，实际上反映的是“物对于人的意义和人对于物的意义问题”。价值既包括事物对于人的意义（好坏、善恶、美丑、利弊、祸福等）问题，也包括人对于事物的意义（人的价值观念、行为、目标、手段等对于物的正负影响）问题，如果人以一种科学合理的方式对待事物或客体，能确保或维持客体存在发展的健全性、平衡性、可持续性，这说明人及其价值行为对于物是有意义的；反之，如果人以一种不科学、不合理的方式对待事物或客体，造成客体的破坏、损害，这说明人及其价值行为对于物是有害的、没有意义的。

长期以来，我们只看到了物对于人的意义问题，这是片面的，现在，我们应当同时关注人对于物的意义问题。那么，如何才能挖掘并实现人对于物的意义问题，只能诉诸责任实践，即人要善待客体。

四 从价值结果的角度分析，确立价值责任范畴，将使价值结果由“减量价值”向“增量价值”转化

提出价值责任的概念或在价值范畴中引申出价值责任的内容，是对人的不当的价值实践的一种反正和超越。如前所述，当外在事物进入人的认识和实践领域从而成为满足人的需要的价值客体时，在人的改造实践的作用下，客体的结构性能等一般会受到人的价值索取或需要满足活动的破坏、损害。而这种对客体特别是自然客体的破坏和损害，从主体及其需要满足的角度分析，有两种严重后果：一是使人的需要无法得到正常满足，或不能顺利得到满足，或不能得到全面满足，或不能得到及时满足，造成人的需要满足压力的加大；二是客体特别是自然客体在遭到人的严重破坏后，不但不能“增值”性地满足人的需要，还通过一系列负态效应或“天灾”来报复、惩罚人及其不科学、不合理的价值实践活动，使人的价值实

践发生“减值”现象。在当今整个人类的发展实践中，这种来自自然客体的负态效应对人的需求及其满足的“减值”性情况日趋严重。因而，严酷的现实和严峻的形势呼唤着价值论中责任意识、责任感的确立及强化，要求通过人的责任实践以保护、建设结构优良、成分健全、功能强大的自然客体，从而实现由已经相当严重化的“减量价值”向“增量价值”的转移。

为什么要追求“增量价值”？一个重要的现实原因在于人的需要是一个持续涌现的历史动态过程。一个需要满足了，还会有新的需要出现，使得人的需要朝着越来越生动丰富和高级的方向发展，呈现出“需求的上升递进规律”。既然人的需要的满足是一个持续演进、永无止境的过程，这就意味着要设法确保外界客观事物或自然客体具有能持续不断地满足人的需要的能力或功能。任何客体之所以有价值，是因为它对主体具有某种有用性、有益性；同样，任何主体之所以要承担针对客体的责任，是因为它受惠于客体并要持续地受惠于客体。因为价值的追求不是“断代”性的，而是世代性的。主体通过实践活动向客体索取自己赖以生存和发展的生存资料，他也必须通过承担责任的方式来“增益”于客体，建设、保护客体。“增量价值”的概念意味着，价值主体对价值客体的改造利用与“价值量”的变化是同步进行、同步增长的，而不是像过去那样呈现反向同步变化的情况。“增量价值”的发生，完全赖于价值主体对价值客体的责任实践的力度，换言之，一个不包含针对价值客体的责任关怀向度的价值实践，是不会发生“增量价值”现象的。

五　从价值评价的角度分析，确立价值责任范畴，将促使价值评价由单一单面的主体性视角向整体全面的主客体统一视角转化

确立价值范畴的责任论内容，必然要求对价值实践结果的评价要运用效用与责任相统一的尺度。就价值评价来看，现行的价值评价观是这样的：价值评价是主体对客体是否能够满足其需要及满足

程度的评价。显然，这样的评价观是传统的、片面的，因为它只看到了人的需要及其被满足的情况，而没有看到人对客体所应当承担的责任和义务问题。这种情况警示着人对价值实践结果的评价不应陷入“唯我”性的误区。由此可知，科学的价值实践结果的评价尺度应当是效用评价与责任评价的契合。我们应当把人对客体有没有尽到责任的情况也纳入价值评价的范畴中去。

马克思在《1844年经济学哲学手稿》中指出：“动物只是按照它所属的那个种的尺度和需要来构造，而人却懂得按照任何一个种的尺度来进行生产，并且懂得处处都把固有的尺度运用于对象。”[①] 马克思在这里提出的“两种尺度”的思想完全可以用来指导价值评价。所谓“按照任何一个种的尺度来进行生产”，就是按照外在的、价值客体的尺度来进行生产或实践，这是坚持客体性原则，表现为价值主体对价值客体的尊重、服从和关护；所谓“把内在的尺度运用到对象上去”，就是按照价值主体自身的目的、需要进行生产或实践，实现价值的效用性。人的价值评价活动，应当实现内在尺度和外在尺度的统一，或“为我”与“利他”的统一。

新的科学的“价值评价”含义应当这样来把握：所谓价值评价，就是主体在对客体的属性、本质和规律认识的基础上，把主体需要的“内在尺度”运用于客体，对主客体之间的现实的价值关系进行科学的评判。这种评判是人的意识对主客体之间现实的价值关系的反映，它所反映的是：其一，主体需要与客体性能之间的联系；其二，主体责任与客体存在及其演进的稳固性、平衡性、健全性、持续性之间的联系。就是说，人在价值评价中揭示了两方面的内容：主体的需要和主体自身的状态，客体存在发展的良性或应有的状态（从人的角度而言的一种良好的状态）。这就是说，在价值评价活动中，一方面要把主体的需要和目的作为内在尺度或人道尺度运用于所评价的客体或对象，另一方面也要把主体的责任和义务作为外在

---

① 《马克思恩格斯选集》第1卷，人民出版社，2012，第57页。

尺度或物的尺度运用于评价的主体，否则，就得不出对客体价值的完整而准确的评判。

六 确立价值责任范畴，能够合理说明一些重大的价值论和责任论问题

例如，我国学者在价值哲学的研究中曾指出，“价值关系模式”能较好地说明“物的价值”，却不足以全面说明“人的价值”，例如就不能说明价值关系中的“主体人”的价值。[①] 其实，作为“主体人”的价值，完全可以通过“价值责任论”得到合理的说明。即“主体人”的价值就体现在他对价值客体（物、社会、他人等）的责任关怀中，其所履行的责任力度越大，则表明作为“主体人”的价值也就越大。

此外，关于人的道德责任关怀的对象要不要扩大的问题，也一直存在争论。有的学者主张要扩大，如要扩大到自然对象上去，就是说，在当代，伦理语境中的“责任”对象不仅包含对人的责任还包括对自然界的伦理义务。但也有学者认为自然界只是人改造利用的对象，它本身没有什么权利、道德、价值等可言。其实，当今大多数学者都主张要把人的责任关怀的对象加以扩大。而为什么要扩大，只能从价值关系的角度予以把握，或者说，新的科学的价值论视角是我们把握伦理责任扩大化的一个重要的、合理的视角或途径。在价值关系中，由于自然是人的客体，人是自然客体的主体，而在价值关系中又包括或应当包括伦理责任关系，这意味着作为主体的人理所当然地要承担起针对自然客体的责任或义务来，这是天经地义的，只要有人与自然之间的价值关系存在，就一定有这种人对自然的伦理责任存在。这样，新的价值关系中的责任关系理论是我们对自然进行道德上的关怀和保护的基本的理论根据，也是生态哲学、生态伦理学、生态美学等一切生态学科群产生的重要的理论基础。

---

① 参见赖金良《主客体价值关系模式的方法论特点及其缺陷》，《浙江社会科学》1993 年第 1 期。

第七章
可持续发展的基本原则

人类社会无限发展的客观趋势，构成了可持续发展所要解决的一个基本矛盾，即社会发展的无限性即绝对性或至上性与资源环境支持的有限性即相对性的矛盾。要解决这一矛盾或这一发展的“瓶颈”问题，必须从两个方面入手：一是要对人自身不合理的行为进行自律，二是要进行积极的创新。这样，自律和创新就构成了可持续发展所要遵循的基本实践原则。

第一节　自律性原则

自律，是人们对自身的发展行为包括发展实践和发展意识所进行的一种规范、修正和约束，它是人们解决自身与自然之间日益紧张的关系、缓解日趋严重的环境问题的一种基本策略和基本做法。发展的可持续性之所以作为一个重大的问题被提出来，是因为在现实中存在阻止和威胁人类可持续发展的问题如生态环境问题等。而生态环境问题发生发展的主因在于人类一方——主要是人类不合理的、极端功利化的实践行为造成的。因此，要想消除人类在发展中所遇到的一系列发展问题特别是生态环境问题，就必须规范约束人类的实践行为，这是推进可持续发展的必然要求。

对于自律，人们应当不陌生，因为对于可持续发展的认识、讨论及施行基本上首先是从对人类自身行为的约束控制开始的，如控制人口增长、节制消费、限制向自然环境中排放污染物等。换言之，人们早就认识到了自律对可持续发展的重要性，并在实践中大力提倡和推行之。如 1972 年在罗马俱乐部发表的研究报告《增长的极限》中，就有限制增长的鲜明思想（《增长的极限》实际上表达了一种抑制增长的思想）。在“全球均衡状态”一章中，明确提出了可供人们选择的三个方案：一是不受限制的增长，二是由人们自己对增长加以限制，三是由自然对增长加以限制。它所特别强调的观点，乃是“自觉抑制增长”[①]。我国学者也指出：“《增长的极限》提出的关于人类面临困境的警告，主要是对于工业文明条件下无节制地发展经济的批判。”[②] 一些后现代主义者对社会经济发展的观点，与《增长的极限》也颇为一致，甚至可以认为是对《增长的极限》的复述和发展。例如，美国经济学教授赫尔曼·E. 达利在其《稳态经济：治疗增长癖的后现代良方》一文中，就批判了把经济增长看作至高至善和灵丹妙药的“增长癖”（Growthmania）的观念，他指出，在当今世界，相对于生态系统而言，经济的物质规模已经发展得如此庞大，以至于没有多大空间可供物质方面的指数式增长了，并以专门的一节阐述了“生物物理和社会伦理对增长的限制”[③]。当代法国著名的种群遗传学家和人口学家阿尔贝·雅卡尔在其代表作《“有限世界”时代的来临》中，也谈到了地球资源对人类的物质生产特别是人口生产的限制性问题，指出：“在很长一段时间里，人类在进行推理的时候，好像可以不存在任何限制。今天，人类不得不正视这样一个现实：存在——并且在很多情况下都存在——限制。”[④] 在雅卡尔看来，

① 〔美〕丹尼斯·米都斯等：《增长的极限》，李宝恒译，吉林人民出版社，1997，第 130 页。

② 陈昌曙：《哲学视野中的可持续发展》，中国社会科学出版社，2000，第 24 页。

③ 〔美〕大卫·雷·格里芬：《后现代精神》，王成兵译，中央编译出版社，2011，第 172 页。

④ 〔法〕阿尔贝·雅卡尔：《“有限世界”时代的来临》，刘伟译，广西师范大学出版社，2004，第 111 页。

这种限制具体表现在这样几个方面：空间上的界限是很明显的——我们脚下的星球并不大，但我们的足迹已遍布全球；不可再生资源的使用极限也快被我们达到了；我们已经达到了地球可以忍耐我们行为后果的极限。全球著名的环境保护主义者、“地球法理”概念的首倡者科马克·卡利南在其《地球正义宣言——荒野法》一书中，提出了“生态足迹”的概念。在他看来，“在某一特定时段内，一个人、某一人群或某一社会从地球获得的物质经常被称为‘生态足迹’，这表现为无期限地提供各种益处的地球区域。联合国环境规划署已经在1997～2007年发布了四份全球环境展望报告，记录了因超过生态可持续水平开发地球而日渐恶化的各种结果。2007年发布的《全球环境展望报告4》明确提出警告，按照平均水平，21.9公顷土地才能满足一个人的生存所需，但在当前的人口水平下，每人可用的土地面积只有15.7公顷。假定地球的‘资源’能被人类独占利用，那么这或许可能是非常保守的统计。要使生命共同体的整体健康状况和运行更优化，则需要更大幅度地减少人类‘生态足迹’”①。在《我们共同的未来》这一研究报告中，也存在鲜明的“自律”思想。该报告认为可持续发展是一种既满足当代人的需要又不对后代人满足其需要的能力构成危害的发展，紧接着就说明这个定义包括两个重要的概念。第一个概念是“需要”，这里所说的需要实际上指的是要有发展，即对于人们的，“尤其是世界上贫困人民的基本需要，应将此放在特别优先的地位来考虑”；第二个概念是“限制”，这里所说的限制实际上是指为了保证可持续性，要有对于“技术状况和社会组织对环境满足眼前和将来需要的能力施加的限制”②，也即对“满足需要”或发展的限制。

在实施可持续发展的进程中，发展主体为什么要对自身的行为

① 〔美〕科马克·卡利南：《地球正义宣言——荒野法》，郭武译，商务印书馆，2017，第19～20页。

② 世界环境与发展委员会：《我们共同的未来》，王之佳、柯金良等译，吉林人民出版社，1997，第52页。

进行自律呢？这是有着充分的客观依据的。

自律原则实际上反映的是人对外界自然规律的遵从，是对自然权益的尊重和保护。从存在论的角度看，自然界是人类之母，人是大自然之子，人与自然之间具有绝对的统一性或人对自然具有绝对的依从性。“人直接地是自然存在物。”[①] 这就决定了人在改造、利用自然的实践进程中，务必要对自身的行为进行适当的约束和控制，即人的所作所为不可超出自然环境的承载能力，这是自律原则生成的基本事实依据。从客观规律的角度分析，社会发展除了可持续发展规律等之外，还存在协调规律，而社会发展的协调规律可以说是自律观生成的主要的规律基础。从历史的长远观点看，人类社会总是在失调和协调的矛盾运动中前进的，由此构成了社会发展的协调规律。从某种意义上说，社会发展要通过协调来实现，这是历史进程中一条鲜明的带有必然性的客观趋势。社会历史的发展变化从失调到协调再到新的失调和协调，即失调、协调、新的失调、新的协调，这是社会发展协调规律的主要内容。社会历史运动既是一个物的创造和人的发展的过程，又是一个以人为中心的诸多关系的生成和调整的过程。如果社会关系发生了失调的现象（如生态环境问题就是人与自然关系失调的一种表征），就会威胁或危及人类社会的健康有序发展，在这种情况下，社会发展的协调机制就会发生作用，从而使失调的关系逐步趋于协调。在目前人类面临日益严重的生态环境问题的大背景下，协调规律的存在实际上迫使人类必须通过约束自身的行为以与生态环境的演化趋于平衡。

人类之所以要约束自身的行为还有一个主要的现实依据，那就是不可再生资源的迅速枯竭。“在一个小小的星球上，所有的资源都是稀少的，或者有可能成为稀少的。”[②] 世界资源研究所等主编的《世界资源报告（1988～1989）》指出，按当时的能源消耗率，全球

---

① 《马克思恩格斯文集》第1卷，人民出版社，2009，第209页。

② 〔法〕阿尔贝·雅卡尔：《“有限世界”时代的来临》，刘伟译，广西师范大学出版社，2004，第121页。

已探明的石油储量只能维持32.5年，天然气只能维持58.7年，煤炭只能维持226年。著名的“戴利统计”显示：世界上所有必不可少的不可再生资源统统加在一起，也仅够目前全球人口18%的人享受当今美国人的生活水准，满足当今美国人的消费欲求。如果这一统计无误或大体上符合实际的话，那就意味着：至少在发明出所有必需的替代资源之前，人类如果继续眼前的盲目发展，将迅速耗光全部资源，很快进入“终极贫困”——这是一种在拥有了豪宅、轿车和许多现代化的生活资料后因不可再生资源的枯竭而无法运转、无法享用的贫穷！

人类处在生态金字塔的顶点，是整个大生态系统中的一个物种，既然如此，人类这个物种就和其他物种一样要受到这样那样的限制即所谓各种“天敌”的约束，但人类凭借自身的智慧和力量特别是凭借创新性的活动，使自己不断地突破了一个又一个限制，战胜了一个又一个的“天敌”，逐渐成为万物之“主宰”。例如，“在一个世纪里，人口总数增加了2倍，人类的效率是原来的10倍，人的欲望和需求翻了许许多多倍”①。但人类恣意张扬自己本质力量的代价，就是使自己走上了不可持续发展之路，使人类有失掉未来之虞。因此，为了推进可持续发展，为了子孙后代的利益，必须对人类的行为进行有力的约束，使人类走上节制生育、节制生产、节制消费、适当控制科学技术发展和应用的“多节制”的发展道路。

在中国，之所以要提倡构建人与自然生命共同体，强调可持续发展，完全是国情使然。一方面，我国的人口在不断增长、人们的生活水平在不断提升，即越来越多的人都想过上越来越好的生活，由此导致日益增大的消费压力；另一方面，我国的生态环境功能在总体上呈现出日趋疲软、恶化的态势，由此造成日益突出的“人天”矛盾。在2017年前人民日益增长的物质文化需要同落后的社会生产之间的矛盾是我国社会的主要矛盾，这一矛盾是推动我国经济社会

① 〔法〕阿尔贝·雅卡尔：《“有限世界”时代的来临》，刘伟译，广西师范大学出版社，2004，“前言”第5页。

发展的主要动力。要解决这一矛盾，一方面当然要坚持以经济建设为中心，通过创新等的做法大力发展生产力，推动社会的进步。但另一方面，则要通过自律性的做法适当约束和限制在当今社会生活中日益盛行的不合理的、病态的消费现象，如奢侈性消费、炫耀性消费等。13 亿多中国人生活在“地大物薄”的国土上，脆弱的资源环境只能满足我们的基本的消费需求，而绝不能任由一些人大手大脚、铺张浪费、暴殄天物。① 我国既是一个大国，更是一个“穷国”。这种“穷”，既表现在物质生产方面，更表现在生态生产方面。虽然三十多年的现代化建设使我们日渐摆脱了物质方面的贫穷，但我们现在正被另一种“贫穷”所困扰，这就是生态之穷、资源之穷，这种“生态贫穷”更严重、更致命！目前，我们面临着“资源约束趋紧、环境污染严重、生态系统退化的严峻形势”②。或者说，“当前人口、资源和环境面临的严峻形势，构成了我国的‘极限困境’问题”③。而我们的脚下的资源环境既属于我们这一代人，还属于子孙后代，我们不能把有限的资源环境在一两代人的手上消耗破坏殆尽。

---

① 在消费活动中，中国人的饮食消费可能是世界上最具浪费性和污染性的消费行为之一了。先看浪费性，我们总是嘲笑西方一些国家的饭食难吃，其实，西方发达国家的饭食简单而有营养，如一份三明治和一杯咖啡就能解决午饭或晚饭的问题，而唯独中国人的吃饭相当复杂和麻烦，不但样数多，而且还力图搞得色香味俱全。但在当今这个后温饱时代，又有多少人会吃多少呢？结果就造成巨量的浪费。看看我们在餐桌上都剩下了多少饭菜，就知道问题有多严重了。据悉，中国餐饮业每年浪费的食物够 2 亿人吃一年，仅北京每天产生的生活垃圾就达 1.8 万吨，这些数字真是触目惊心！因此，在改革开放的新时代，中国人在饮食上也应当向西方学习，努力做到简单一点，有营养一点。再看污染性，据《新京报》2013 年 10 月 14 日报道，经过现场实验，结果显示，中国式烹饪确实能产生 PM2.5，如在油炸、炒菜时，PM2.5 浓度则迅速飙升 8 倍到 20 倍，达到严重污染甚至爆表的级别，其中炒菜产生的 PM2.5 浓度最高，5 分钟内 PM2.5 浓度就从开始时的 $38\mu g/m^3$ 增加到了 $787\mu g/m^3$。可见，中国式饮食消费活动，从制作方式到人们的消费过程，都存在明显的浪费、污染等特征，这和生态文明是背道而驰的。

② 胡锦涛：《坚定不移沿着中国特色社会主义道路前进　为全面建成小康社会而奋斗——在中国共产党第十八次全国代表大会上的报告》，人民出版社，2012，第 39 页。

③ 欧阳康等：《中国道路——思想前提、价值意蕴与方法论反思》，中国社会科学出版社，2013，第 99 页。

尽管“目前的消费社会就像一个吸毒成瘾的人，无论感到多么痛苦，要想摆脱它却极其困难”①，但针对当今中国的现实，倡导在生产和生活等方面的自律性实在很有必要，它是中国可持续发展的必然要求，也是科学发展的可持续向度的重要表现。

自律性原则体现在现实发展中，主要表现为一种适度发展。适度发展是一种旨在满足人的基本需求的有节制的发展，它主要体现在三个方面：人口上的适度增长、生产上的适度进步、生活上的适度消费。在当前的现实国情背景下，我国发展的可持续品质同时也表现为一种适度性，或者说，新时代中国的发展同时也是一种适度发展。因为可持续发展是一种遵循规律、求真务实的发展。这种“实”就包括中国人口众多、资源稀少、环境污染等实际。在传统的发展中，可能只有1/3的成果被用来维持我们的基本需求，另外2/3的成果则被用来维持一部分人的奢侈需求，而可持续发展的根本目的当然是满足全体国民的基本需求和整个民族的长远发展，它绝不会鼓励人们无视国情现实的种种反发展的行为。它鼓励人们创造财富，但不会倡导拜金主义；它引导人们过上有尊严、体面的生活，但不会鼓励人们高消费或炫耀式消费；它引导人们要营建万紫千红、鸟语花香的春天，但不会鼓励人们去制造一个“寂静的春天”；等等。只有实行适度发展，新时代我国发展才能实现其可持续的向度，才能实现人与自然共生共荣。

第二节　创新性原则

对于世界和中国而言，仅仅进行自律，还不能真正解决自身所面临的种种发展问题，这就要求同时遵循创新性原则，即要以创新的精神、态度和做法去迎接挑战，克服危机。创新赋予了我们克服发展问题以主动性、进取性而非保守性、消极性。

---

① 〔英〕E. F. 舒马赫：《小的是美好的》，虞鸿钧、郑关林译，商务印书馆，1984，第103页。

所谓创新是指创新者在一定的创新意识的支配下，对现有事物（物质性的事物和精神性的事物）进行变革，以实现其由旧质态（局部或全部）、旧的发展阶段向新质态、新发展阶段过渡、转变的实践进程。“创新是一个民族进步的灵魂，是一个国家兴旺发达的不竭动力。”[①] 作为整个社会发展进程中的一种普遍的、必然的、永恒的现象，创新在社会发展中发挥着极其重要的作用。习近平总书记就明确指出：“当今世界，经济社会发展越来越依赖于理论、制度、科技、文化等领域的创新，国际竞争新优势也越来越体现在创新能力上。谁在创新上先行一步，谁就能拥有引领发展的主动权。”[②] 人类社会是一个不断自我更新的有机体，人类社会的发展也始终是一个推陈出新的流变过程。没有创新，既不会有人类社会的产生，更不会有人类社会的进步和繁荣。“人类作为地球生命圈中的最高形态，不仅有其他生命体所共有的能力，而且有它们所不具有的能力，这就是自觉的创造能力。正是在这种特殊的创造能力的统摄下，人的其他所有能力都得以提升，成为人的创造能力的内在组成部分。正是在这种创造力的驱使和作用下，人的生命活动才能展示为一个持续的变革、更新和创造过程。”[③]

关于通过创新特别是科技创新来促进经济社会的进步、突破人类所面临的“瓶颈”和制约、实现人与自然关系协调发展的思想，国外一些学者曾有论述。关于人类发展的前景，就存在悲观主义和乐观主义的两种思潮。从某种意义上说，对工业文明的发展持现实的、乐观态度的人，更强调科学技术的发展不仅有可能会发扬工业文明的长处，也有可能会防治工业文明的弊端，弥补其缺陷，有助于克服当今工业文明面临的困难。换言之，持工业文明乐观主义态度的人实际上看到了科技创新和科技进步在推进可持续发展方面的重要作用。例如，《增长的极限》发表后曾遭到很多

---

① 《江泽民文选》第1卷，人民出版社，2006，第432页。

② 《习近平谈治国理政》第2卷，外文出版社，2017，第203页。

③ 欧阳康：《马克思主义认识论研究》，北京师范大学出版社，2012，第173页。

人的反对。美国学者朱利安·林肯·西蒙在其所著的《没有极限的增长》一书中就主要批评了《增长的极限》一书的研究方法，认为它的模型过于简单，只考虑了五个变量，而未包括原料、社会制度、科学文化等因素，西蒙还对工业文明的发展做出了乐观的估计，如书中提到了"无限的自然资源""永不枯竭的能源""核能是取之不尽的廉价能源"，提出了人口将在未来达到平衡、人类资源不可能穷尽、能源永不枯竭、生态环境会日益好转等观点。1976 年，美国赫德森研究所所长、物理学家、数学家赫尔曼·卡恩及威廉·布朗等人在其发表的《今后二百年——美国和世界的一幅远景》一书中指出，过去 200 年和今后 200 年的 400 年里是人类社会的"大过渡时期"，在这个时期里既有迅速的发展，又有令人不安的困难，但目前的人口、粮食、能源和环境污染等问题借助于科学技术进步是能够解决的，人类必然会摆脱各种困境，所有国家都将发展起工业社会和后工业社会。1990 年，美国未来学家约翰·奈斯比特和帕瑞西亚·阿波登斯在其合著的《2000 年大趋势——90 年代十大新趋向》一书中，对未来十年世界可能出现的大趋势做了一些预测，并认为未来十年将会出现高科技发展和经济繁荣，并由此带来社会的一系列变化。其中一个主要的论点是：20 世纪 90 年代将是世界经济繁荣的时期。由于科学技术，特别是高科技不断发展，各种物质产品，包括粮食、能源不再匮乏，罗马俱乐部的"增长极限论"是错误和片面的。

上述国外学者的结论是否正确姑且不论，他们对人类创新和进取精神的推崇与赞扬则是值得我们肯定的。那么，人类为什么要通过创新以推进可持续发展的实施呢？从理论层面分析，人与自然之间具有对立统一的矛盾关系。人与自然之间的统一性要求人类必须自律，即通过自律来维持人与自然的平衡与和谐；人与自然之间的对立性又要求人类必须进行创新，即通过创新来突破自然对人类的约束和限制甚至报复与惩罚。换言之，以创新的精神、态度、方法能动地变革自然，这是人对待自然的一种正当的、属人的方式。因为“世界不会满足人，人决心以自己的行动来改变世界”①。人类“可能只是一颗在几乎无限的宇宙中的一个巨大星系的无穷空间中遨游的小行星上的许多生物中的一种，然而我们确实是整个宇宙中最令人惊奇的进化产物”②。人类为什么“是整个宇宙中最令人惊奇的进化产物”呢？因为人类实际上是一种乐于开拓、积极创新的社会性存在，创新性是人的本质特性，也是人的主体性的首要表现。而这一特性也正是人们在实施可持续发展进程中需要进行创新并进而走出困境的一个重要根据。换言之，如果人的一切行动只能绝对机械地按照自然的必然性、天然的本能去活动的话，那么，人就只能永远做自然界的奴隶而无法成为社会历史的主人，也无法开展作为人所特有的实践活动了。实际上，人作为一种从自然界中提升出来、从动物本能中解放出来的存在物，能够认识和掌握客观事物及其发展规律，通过自己的开拓创新的实践不断推动社会历史的前进。

创新之所以是必要的和必然的，关键在于创新实践是受创新规律所支配的活动。所谓创新规律，是指社会进步与社会创新之间本质的、必然的、稳定的联系，是人类社会只有在创新实践中才能获得前进发展的基本趋势。关于创新规律的含义，我们可从以下三个方面予以具体把握。

首先，创新规律是新陈代谢规律在社会领域的具体表现。我们所处的世界，是处在不断地运动、变化、发展之中的。但世界万物的运动变化不是杂乱无章而是有其方向性的。事物变化的方向主要有三种：单一的水平运动，下降的运动，上升的运动。根据唯物辩证法的基本原理，上升性在世界万物的三种方向性运动中占据着主导的地位。换言之，事物变化发展的基本方式是前进的、上升的运动，即自然和社会发展的总方向和总趋势是新事物的产生和旧事物的灭亡，是以上升性运动为总体特征的。而物质世界以新陈代谢为

① 《列宁全集》第55卷，人民出版社，1990，第183页。

② 〔美〕E. 拉兹洛：《决定命运的选择：21世纪的生存抉择》，李吟波译，三联书店，1997，第158页。

表现的上升性运动，在社会领域就体现为一种创新规律，或者说，前进的上升性运动是社会创新规律的客观基础。其次，创新规律是人的创新性实践的规律。社会发展的客观规律不可能自发地实现，需要通过人的有意识、有目的的实践活动才能使其显现并发挥作用。从这个意义上说，人的创新实践是社会发展的创新规律得以存在和实现的载体，创新规律就是在人的创新活动中得以具体表现的。人的实践主要有三种形态：常规型实践、变异型实践和创新型实践。而只有创新型实践，才能真正推动实践的发展和社会的进步，真正体现出实践活动所具有的变革、改造客体的本质作用。如果说，新陈代谢规律为创新规律的发生提供了一种可能性的话，那么，创新型实践则把这一可能性变成了现实性。最后，创新规律是对创新本质的反映。创新本质是由人们新生的需求愿望与原有的现实存在之间的矛盾构成的，具体而言，是由原有的或旧有的事物客体（包括物质客体和精神客体）不能满足或不能很好地满足创新主体的需求愿望的矛盾构成的。换言之，创新之所以必要，是因为人在实践生活中产生出了新的需要，而这种需要又往往是现有的客体、现有的实践活动及其产物所不能给予或不能满足的，于是就有了矛盾。而要解决这一矛盾，人类就不得不通过创新的方式来实现，即通过创新变革原有的客体，使其发生新质态的变化，进而满足人的新的更高的需求，从而在主体与客体、主观与客观之间建立起新的更高的协调统一关系。

对创新规律的阐发，不仅大大深化了我们关于创新问题的认识，更为我们自觉坚持创新发展理念、实施创新驱动战略提供了客观基础或依据。换言之，我们高度重视创新工作，视创新为发展的第一驱动力，大力建设创新型国家，其实正是创新规律在我们实践中的充分表现，是我们在竞争激烈、不进则退的时代背景下认真遵循社会发展规律的理性之举。

随着知识社会的到来，创新成为社会生活中使用频率越来越高的词语，因为创新的核心是知识（包括人文社会科学方面的知识）

和技术的创新与应用。特别是在“人天”矛盾日趋突出的今天，一方面人们不大可能或不大情愿减缓已有的发展速度，一方面又必须正视业已存在的相当严重的资源环境问题，于是，人们就只能求助于创新来破解眼下的发展困境了。在中国，创新已经成为一个普遍的、主流性的热门话题。早在 2006 年 1 月，在 21 世纪召开的第一次全国科学技术大会上，我们党就提出了要把我国建设成为创新型国家的奋斗目标。党的十七大报告进一步提出：“要坚持走中国特色自主创新道路，把增强自主创新能力贯彻到现代化建设各个方面。”① 进入新时代以来，我们党又提出了创新发展的理念，而且把创新理念置于五大发展理念之首。新时代之所以要实施创新驱动发展战略，一方面是因为创新是引领发展的第一动力，另一方面就我国的发展现状来看，“虽然我国经济总量跃居世界第二，但大而不强、臃肿虚胖体弱问题相当突出，主要体现在创新能力不强，这是我国这个经济大块头的‘阿喀琉斯之踵’。通过创新引领和驱动发展已经成为我国发展的迫切要求”②。

当然，还需要说明的是，创新是一个综合性的概念，它不仅仅体现在自然科学和工程技术等方面，还体现在人文社会科学等方面。中国作为一个发展中的大国，相比于西方发达国家，在人文社会科学方面的创新力也是相当弱的。例如，三十多年来，在人文社会科学领域对人们的物质生活与精神生活产生了重要影响的思想、观点、概念大多都是从西方学术界或思想界引进或传入的。如熵论、可持续发展思想、文明冲突论、“风险社会”理论、后现代理论、低碳思想、循环经济理论、时空压缩理论等等。可以这样说，在人文社会科学领域包括哲学、经济学、社会学、管理学等方面，中国学者几乎没有提出什么有世界影响的重要观点或学说。有些概念或提法属于中国“独创”，如生态美学、生态文明等，但其影响也仅限于中国范围。正如庞中英所指出的：“中国并不是世界知识生产的中心。在

---

① 《中国共产党第十七次全国代表大会文件汇编》，人民出版社，2007，第 21 页。
② 《习近平谈治国理政》第 2 卷，外文出版社，2017，第 203 页。

全球知识结构中，中国基本上处在一个劣势的地位……到目前为止，世界感受不到一个十三亿人口的大国对全球治理的重要思想、观念或者知识的贡献。”① 看看我们一些人文学者的著述，他们不仅“自言自语”“自说自话”，研究一些自我感兴趣但可能对实际没有多大用处或没有什么影响的东西；而且在“著书立说”的过程中，“言必称希腊”，搞学术研究上的“崇洋媚外”，以大段引用外国人特别是西方人的观点、提法为荣，否则就显得自己没水平，所写的东西没分量。至于对国内同行所提出的具有创见性的观点则往往视而不见，不屑于提及，如果提及了就显得没水准、失身份。当前在中国学界所普遍存在的大力介绍、宣传、注释甚至贩卖西方学者的学说、观点的现象，其实反映了中国人文社会科学领域创新能力低下、难出世界级学者的落后现状。

建设创新型国家应当是一个全方位的战略，当然包括人文社会科学领域的创新发展。中国特色社会主义事业的进步，既需要科技创新的驱动，更需要人文社科领域创新的范导。在我们的事业中，不仅有利、有力，还应有理。这种“理”就包括说理和讲理。所谓“说理”，即向人们阐释或说明我之发展的依据、方法、原则、意义等，让人们认识了解、同情支持甚至学习我之发展，至少不能引起别人的误解或反感；所谓“讲理”，是指通过制定相应的规则来约束引导我之发展，使我之发展少犯错误，少走弯路。而具有现实针对性的“理”从何而来？主要来自我们的人文社科领域的创造性的研究工作。

总之，我们要设法出一些像罗尔斯、亨廷顿这样具有世界影响的大师级学者，通过我们扎实有见地的研究，向世界阐述中国发展的“是什么”、“为什么”和“怎么样”之类的问题，特别是在一些重大的理论和实践问题上，要有我们的声音、我们的看法。当我们仰视别人的时候，别人只会俯视我们；当我们只是把别人视为老师

---

① 庞中英：《政治意愿、国家能力和知识角色》，载《中国学者看世界·全球治理卷》，新世界出版社，2007，第348～349页。

的时候，我们可能永远是学生。恩格斯早就指出："一个民族要想站在科学的最高峰，就一刻也不能没有理论思维。"[①] 就是说，要想把我国建成一个真正的大国、强国，我们不能仅仅做经济上的巨人，我们还要成为理论上的强者、智者。

第三节　可持续发展要坚持自律原则和创新原则的统一

无论是自律原则，还是创新原则，都只是强调了事物的一个方面，实施可持续发展，必须坚持自律和创新两条腿走路，只有把自律原则和创新原则有机统一起来，才能有效地实现可持续性发展，并真正建构起人与自然生命共同体。

自律和创新之间存在既对立又统一的关系。就它们的区别来看，创新是在发挥人的主观能动性的基础上，通过观念、制度、手段、方式或方法等的变革和进步，来突破、超越人类自身所面临的若干客观制约条件如自然资源的短缺。只有创新，人类才能生存和进步。创新为社会的持续发展提供着源源不断的强大动力，它使人充分看到了人自身所具有的卓越智慧和伟大力量，使人类能始终作为一种具有主动性和进取精神的社会性生物而特立于"生物之林"，使人类前进的步伐更矫健，也使人类能真正掌握超越"天堑"、走出困境的法宝。创新是外向的，具有极强的对外开拓性和积极进取性。而自律是对人的极端化、过度自我化的不合理的生产、生活行为的约束、限制和修正。自律能使人们清醒地认识到当今生态危机的主要根源和人在自然界中的应有地位及所发挥的合理作用；能使人的行为在遵循自然规律的基础上，沿着生态良性发展的方向或轨迹前进或运行；能使人类追求文明和进步的脚步更稳健、更扎实、更具有文明的理性精神。自律具有鲜明的内敛性。

① 《马克思恩格斯文集》第9卷，人民出版社，2009，第437页。

自律和创新之间既是对立的，更是统一的。作为实施可持续发展的完整的两个方面，它们相互依存、相互制约，密不可分，它们的有机统一，构成了真正意义上的完整的可持续发展。换言之，可持续发展要求人们在对自身的发展行为包括生产行为、生活行为和观念意识进行约束改造的基础上，要在观念层面变革传统的极端功利化的思维方式，代之以科学合理的实践观念；在实践层面则应强化制度创新，推进科技创新，对环境资源进行保护性开发和利用等。在实施可持续发展的实践进程中，如果仅仅看到自律的一面，或将自律绝对化，忽视了创新对自律的超越和突破，就会束缚人类前进的步伐，扼杀人类自由进取、顽强奋进的本性，使人类在自然条件和困难面前处于被动应付的地位。同样，如果仅仅看到了创新而忽视了自律，就会把人类的创造性、主动性推向极端，使人类在观念意识上萌生自我中心主义的自大狂思想；在实践中恣意张扬自己的本质力量，从而将自己扭曲成随心所欲、任意妄为的主宰者、征服者。因此，要想真正有效、顺利地实现科学发展的可持续性目标或要求，必须将自律和创新统一起来，通过创新来弥补自律的缺陷和不足，通过自律来克服创新的虚浮和轻狂。

第八章

可持续发展与思维方式的变革

在日趋严重的生态危机的持续压力下，可持续发展始终是人们关注的一个重大的理论和实践话题。而实施可持续发展，有着思维与实践两方面的进程。实践方面的进程，表现为人类依循生态系统固有的规律去规划、安排社会的生产活动以及其他一切方面的发展，逐步实现生产方式、生活方式发展的生态化或绿色化变革的要求。思维方面的进程则主要表现为在可持续发展的时代背景下对思维方式实现生态化的改造。

第一节　何谓思维方式

所谓思维方式，也叫思想方式，是在发展实践基础上形成的、由思维诸要素相互作用结合而成的相对定型、相对稳定的思维样式。它由众多的思维要素构成，主要包括思想观念、知识经验、思维方法和思维习惯等。从发生学的角度讲，思维方式归根到底是在社会实践包括生产实践、生活实践等的基础上生成的。因而，随着发展方式或发展模式的变化，思维方式必然要发生相应的变化，从而具有了历史性。恩格斯说：“每一个时代的理论思维，包括我们这个时代的理论思维，都是一种历史的产物，它在不同的时代具有完全不同的形式，同时具有完全不同的内容。”[①] 需要指出的是，发展方式和思维方式的作用是相互的。发展方式决定思维方式，思维方式对发展方式又有重大的反作用。一定的思维方式一经形成，反过来会更广泛、更持久、更稳固、更有效地支配人们的认识和行动，强化一定的发展方式。

思维方式一经形成，对它相应的时代而言，就具有了一定的典型性和广泛性，并为大多数人所采用，成为他们惯常的思维样式，在思维活动中自觉或不自觉地起着作用，潜移默化地支配着人们的实践行动。因此，思维方式是主体把握客体、改造客体的“精神中介”，是主体从事实践活动的定型化、结构化的“观念前提”。它将特定“社会场”中的大多数人的观念认识、思想动机以及人的情感等收拢于或局限于这种思维方式所要求、所指向的活动空间，从而以一种“内化于心”的形式潜在地影响人们的行动。就是说，思维方式既对特定时代的社会发展具有积极的范导作用，更具有强烈的阻滞和破坏作用。当新的发展方式适应时代的要求而被提出并予实施的时候，首先遇到的最大阻力，就是具有相对独立性的传统思维方式的羁绊。

第二节　思维方式变革的内容

目前，“人类在坎坷不平的征途上，已经到达了一个伟大的转折点”[②]。这个“转折点”的根本标志就是由以往高代价的、不可持续的发展方式向低代价的、可持续的发展方式的转变。与传统的不可持续的发展方式相适应，以往人们的思维方式也具有了高代价性及不可持续性——这是指传统的思维方式就其作用的结果而言，导致或促成了大量的发展问题的发生，从而造成社会发展的不可持续性。

---

① 《马克思恩格斯选集》第 3 卷，人民出版社，2012，第 873 页。

② 〔意〕奥雷利欧·佩西：《人类的素质》，薛荣久译，中国展望出版社，1988，第 147 页。

换言之，以往社会发展的不可持续性问题的发生，一个深层次的、精神理念方面的原因，就是由盛行已久的高代价的、不可持续的思维方式所导致或促成的，或者说，至少是在高代价的思维方式发挥着广泛作用的时代背景下产生的。因而，实施具有低代价的可持续发展，就必须建构起与可持续发展相适应的思维方式，从而实现由高代价的、不可持续的思维方式向低代价的、可持续的思维方式的转变。

一　从物本论的思维理念向人本论的思维理念转变

传统的思维方式其价值内核是“物本论”的。所谓物本论，即是一种以物为本的思维理念，它把最大限度地实现经济产值的增加以及追求物质享受等作为社会发展和人生的唯一出发点和最高目标。在这种价值理念的支配下，以及受市场经济体制的驱使作用，整个社会弥漫着对私欲的极端追逐、对贪欲的疯狂满足，结果把人与自然、人与人、人的身心间的全面、丰富、协调、互利的关系，简化扭曲为单一单向的利益索取型关系；社会发展也被异化成一个冰冷、枯燥甚至残酷追逐功利、满足人的本能欲望的纯功利化的过程；特别是本应全面发展的人，更被变成了单面、物化的“经济人”或“工具人”，使人在摆脱自然经济条件下“人的依赖关系”的同时，又陷入了“物的依赖性”中。结果，人依赖于物，受物的统治，人在对“物的依赖性”中“再度丧失了自己”，甚至沦落为物的奴隶。人不仅被物化，而且被“动物化”。恰如英国近代哲学家托马斯·霍布斯所言：一切人反对一切人，人对人像狼一样。更为严重的是，无节制地攫取物质财富再加上人口激增、现代科学技术的滥用等原因造成日益严重的生态危机。“人类在展示自己能力的同时也在肆意践踏着地球”①，结果，“地球曾经是生命的乐园，如今却被人类糟

① 〔美〕爱德华·威尔逊：《生命的未来》，陈家宽、李博、杨凤辉等译，上海人民出版社，2003，第210页。

蹋得满目疮痍，破败不堪!"[1] 其实，"我们作为自然界的一员，无论具备多么高超的权力手段，幸喜尚无能力毁灭自然。如不立即制止按人类随意判断而进行的任性改造地球的活动，则在即将到来的灾难中，人类首当其冲：由于生命层失却自然平衡，人类最终也将陷入业已开始的大量死亡漩涡"[2]。

新的低代价的思维方式所追求的是以人为本的价值理念。它与传统的高代价思维方式的根本区别在于，看到了社会发展不仅包括人的发展，而且是为了人的发展。离开人的发展，经济社会发展就失去了方向，也失去了意义。它重视社会发展的物质因素、物资条件，但认为决定的因素是人而不是物，人力资源是第一资源。从低代价的思维方式看来，人是社会发展的根本目的，就是说，与神、与物相比，人更重要、更根本，不能本末倒置、舍本求末。因而，应当以人的发展统领经济、社会的发展，使经济、社会发展的结果为人的全面发展服务。如果在人之外寻求怎样发展或为谁发展，必然陷入机械唯物论或有神论的泥淖，结果都属于历史唯心论。

西方一些富有见识的学者也对传统的物本论的发展方式提出了批判。1981 年，罗马俱乐部发表了第 11 个报告《世界的未来——关于未来问题一百页》，该书的作者、前罗马俱乐部主席奥雷利欧·佩西认为，"现代人类掉进了自己不断取得的更加光辉灿烂的成就所设下的陷阱。这些成就掩盖着流沙，人越是向前迈进，就陷得越深"[3]，因而，"宣扬不惜任何代价只求增长的人们，在各方面都处于困难境地"[4]。而佩鲁在其代表作《新发展观》中对战后许多发展中国家片面实行"赶超发展战略"，只是追求经济增长，不注意社会

① 〔美〕纳什：《大自然的权利》，杨通进译，青岛出版社，1999，第 1 页。

② 〔德〕狄特富尔特：《人与自然》，周美琪译，三联书店，1993，"导言"第 10 ~ 11 页。

③ 〔意〕奥雷利欧·佩西：《世界的未来——关于未来问题一百页》，王肖萍、蔡荣生译，中国对外翻译出版公司，1985，第 33 页。

④ 〔意〕奥雷利欧·佩西：《世界的未来——关于未来问题一百页》，王肖萍、蔡荣生译，中国对外翻译出版公司，1985，第 37 页。

整体的综合协调发展，“结果是牺牲了老百姓的利益，并使他们对国外的依赖长期存在下去”的状况进行了批评，他提出了以人为中心的“新发展观”，力图以此减小片面追求经济增长的发展模式所带来的人为代价。针对发展中国家在发展中“见物不见人”的现象，佩鲁从哲学的角度提出了他的新发展观设想。他认为，发展包括三层含义：一是总体的发展，二是内源的发展，三是综合的发展。这个对发展的新界定，揭示了发展的整体性、人本性等特质。其中，人本性或为人性是新发展的灵魂或核心，用佩鲁的话说：“发展同作为主体和行为者的人有关。”① 它是“为一切人的发展和人的全面发展”。

二 从单一自大型思维向多元平等型思维转变

任何思维方式都以一定的观念或思想作为它们的构成要素，并以这些要素为基础来发挥其对人类实践活动的规范导向作用。传统的高代价的思维方式也不例外，它可以说是以长久以来人类在实践中所形成的一系列传统的思想观念为基本的构成要素。从人与自然关系的角度考察，这些思想观念主要有：绝对人类中心主义、“人定胜天”的征服论等。绝对人类中心主义是以人为宇宙的绝对中心的观念。由于人是凭借自己的实践能力、知识文化、技术手段等在自然界、动物界中占据着无与伦比的绝对优势，因此人类就自觉不自觉地产生了自我崇拜、自高自大的思维心理，总以为自己就是世界的至高无上的“主人”，是绝对的“中心”，人有权可以任意支配、统治、处置一切非人类的自然物。自然界的一切似乎都是为了人而存在的，人类的需要和利益是决定其他自然物是否具有存在价值的尺度。德国著名学者狄特富尔特就认为，人类以自身为宇宙中心的盲目顽固性，使得在以往数百年中，人类执着于从自身的思想和文化成就中去探讨自己的本性和生存的意义。而人类所在的大自然则

---

① 〔法〕弗朗索瓦·佩鲁：《新发展观》，张宁、丰子义译，华夏出版社，1987，“前言”第2页。

为了体谅我们而降格为一种布景。[①] 绝对人类中心主义必然会导致生态上的人类沙文主义和物种歧视主义以及实践中的“人定胜天”论。人仿佛是生活在宇宙边缘的流浪汉，对于他的希望、痛苦和罪过，宇宙无动于衷。[②] 也就是说，在人与自然的关系中，由于自然界不会主动满足人的需要，而且常常以强大的自在力量抗拒人的实践力量，甚至以种种自然灾害来祸害或惩罚人，因而人们就自觉不自觉地形成了敌视自然、征服自然、统治自然的历史文化和思维定式。为了摆脱自然界对自己的奴役和限制，早在农业社会初期，人类就喊出了“人定胜天”的口号，开始了向大自然的进军。当人类进入工业社会以后，随着科学技术的不断发展，人类征服自然的能力大大加强。这时，人由自然的奴仆逐渐变成了自然的主人。在几乎无所不能的事实面前，“征服论”形成了。人类在“征服论”的支配下，总是将自己当作“征服者”“主宰者”看待，而大自然就成了任人宰割、任人处置的对象。

低代价的思维方式突破了狭隘的绝对人类中心主义的限制，它以相对人类中心主义为其价值论基础和以人与自然平等相处的思想为其实践论基础。相对人类中心主义认为，人类的“中心”是有条件的、相对的，它承认人类只是在终极价值尺度方面具有中心性，人类自身的整体利益（包括人类的共同利益和长远利益）是人类实践选择的唯一的、终极的价值尺度，这一点是无法超越也不可能超越的。但相对人类中心主义在科学尤其是生态科学上又不承认这种中心性，认为人类在生态系统中不是至高无上的，人仅仅是生物圈中的平等一员，人和其他自然物种是一种“伙伴”关系，这样，人类就把自己降到了与自然界其他生物相平等的地位，这实质上是一种相对中心的地位。这种相对中心承认有多个中心或多极的存在。就是说，人类虽然凭借着“发展力”攀上了生态金字塔的顶点，但从生物学的角度看，人类仍然是整个大生态系统中的一个物种，要

---

① 〔德〕狄特富尔特：《人与自然》，周美琪译，三联书店，1993，“导言”第2页。

② 〔德〕狄特富尔特：《人与自然》，周美琪译，三联书店，1993，“导言”第3页。

受到各种生物演变规律的制约。从哲学的角度分析，自然界是人类之母，人是大自然之子，人与自然之间具有绝对的统一性或人对自然具有绝对的依从性。尽管人类可以如孙悟空般“呼风唤雨”“上天入地”，但人类所上演的一系列威武雄壮的“历史话剧”只能在大自然提供的“舞台”上演进，人类纵使有“流浪地球”的“神力”，也丝毫脱逃不出大自然如来佛般的“掌心”。“无论是在人那里还是在动物那里，类生活从肉体方面来说就在于人（和动物一样）靠无机界生活，而人和动物相比越有普遍性，人赖以生活的无机界的范围就越广阔。”[①] 因而，从相对人类中心主义的“伙伴论”出发，人类还要走出“征服论”“主宰论”的传统误区，切不可以“主人”和“征服者”的身份凌驾于自然万物之上而随心所欲、为所欲为。因为人类不是主人，无法行使征服者的权力，否则，人类只能是自断其路、其毁前程。

当然，我们倡导人与自然和平共处，保护生物的多样性，并不是说人类一点也不能改变和利用其他的生命物体，不改变、不利用是不可能的，否则就会滑向极端生态中心主义的泥潭。但如果利用的后果是破坏了生态平衡，或在社会上产生了蔑视生命的不良行为导向——如在我们身边时常发生的“虐猫”“虐狗”等现象，那么这就意味着我们还未真正确立起人与自然和谐共处、共生共荣的现代文明观。在社会领域，低代价的思维方式认为，不同的国家、民族和不同的群体共同生活在一个相互依存的世界上，“地球村”的七十五亿居民拥有同一片蓝天和同一轮温暖的太阳，因而某一主体的发展不能以其他主体的不发展或欠发展为代价。在社会发展的进程中，应当倡导普遍受益的原则，追求人与人、人与社会、国家与国家之间的共同富裕、共同进步。我们应当牢记这样一句话：“在这个星球上，没有一个国家能如一个富裕的孤岛漂浮在贫困苦难的海洋上。”

---

① 《马克思恩格斯文集》第 1 卷，人民出版社，2009，第 161 页。

三　从力量张扬型思维向行为约束型思维转变

在传统的高代价的思维方式看来，人类凭借着自身日益发达的生产力和日益强大的科学技术力量，有理由更多地考虑如何控制和改造自然，而不必在意自然对人的制约作用。事实上，作为自然之子，人类一经形成，便逐渐作为一种强大的异化力量对待自然之母。在自然所提供的“物质舞台”上，人类“一路看天不低头”，恣意张扬自身的理性力量，“上九天揽月，下五洋捉鳖”，如主人甚或“超人”般屹立于尘寰之上；让河海让路，让高山低头，“有条件要上，没有条件创造条件也要上”的英雄气概，令“神女”惊心，令万物俯首听命。但是，人类不断向自然索取，在创造了空前的物质繁荣和高度发达的工业文明的同时，也埋下了自我毁灭的祸根。在征服自然的道路上，人类的成就无疑是无与伦比的。“我们以史无前例的规模征服了地球和地球上的自然界。在地球发展史上，首次出现了为自身的利益而打算制服整个大自然的物种，即人类。在物种竞争空前的最大淘汰赛中，我们面向‘最终的胜利’。但是，如不从速利用我们可以支配的批判理性、依然极端自私地迷恋于权力而无视人类必须赖以生存的自然规律，一旦发现我们所执着追求的胜利无异于人类自杀时，恐怕为时已晚。”①

低代价的思维方式认为，人类必须遏制自身不合理的需求和约束随心所欲的逐利行为。人类所付出的沉重的生存代价，使人们逐渐认识到人类生存资料的有限性和地球的唯一性，人类必须从愚蠢的“自大狂”思维中清醒过来，明白自己并不是上帝，自己也不可能通过文化的累积而历史地逼近上帝的全知全能。人类创造力的恣意张扬，只能给自己带来致命的威胁，因此，对自身行为进行约束限制，在发展实践中进行自律，就成为我们克服高代价特别是高昂的生态代价的重要实践原则。自律原则实际上反映的是人对外界自

① 〔德〕狄特富尔特：《人与自然》，周美琪译，三联书店，1993，“导言”第8～9页。

然规律的遵从，是对自然权益的尊重和保护。人与自然之间虽然具有对立性，但作为“自然之子”，“人是自然界的一部分”①。就是说，人的欲望的满足是须臾离不开不依自身的意志为转移的外界客观对象的。这就决定了人在改造、利用自然的实践进程中，务必要对自身的行为进行适当的约束和控制，即人的所作所为不可超出自然环境的承载能力。

四 从极端利己型思维向互利双赢型思维转变

传统的高代价思维方式在利益观上的表现是极端利己主义的。所谓极端利己主义，是指自身利益最大化及其在利益实现上不择手段的思维理念。极端利己型思维方式关注的出发点和落脚点基本上是人的眼前的、可以看得见的物质利益。在极端利己型思维理念的支配下，多数社会成员都怀着“发财致富”的愿望，普遍采取了一种永无止境地追求和占有物质利益或物质财富等的基本价值取向。在这种思维理念看来，人的利益——主要是物质利益——具有唯一性和绝对性，人自身之外的一切只具有工具性的价值。因而，现实生活中人的一切思维活动及在思维理念指导下的人的实践活动，都是围绕着如何最大限度地攫取和占有物质利益或物质财富而进行的。受这种思维理念的影响，不同的利益主体在社会领域尔虞我诈、争权夺利，进行着无休止的纷争、斗争和战争。极端利己型思维主要有四种表现：在人与自然关系上，奉行极端人类中心主义和“人定胜天”的征服论；在个人与他人关系上，唯利是图，见利忘义，损人利己，吃祖宗饭，断子孙路；在个人与社会关系上，奉行个人本位主义，只求索取，不讲奉献；在国际关系上，奉行褊狭的国家利益至上原则和狭隘的民族主义。

低代价的互利双赢型思维方式的根本原则以互利互惠的观点来处理个人与外部世界的关系，这包括处理人与人的关系和人与自然

① 《马克思恩格斯文集》第1卷，人民出版社，2009，第161页。

的关系。因而，互利双赢型思维方式有两种："人与自然"互利型思维方式和"人与人"互利型思维方式。互利双赢型思维理念倡导科学的复合型利益观，这是一种人类利益与生态权益、此一发展主体的利益与彼一发展主体的利益相互促进、共同发展的利益观。其具体内容有：首先，必须理解人的利益是在生态—社会复合整体系统中产生的，人的利益不仅体现了人与人之间的关系，还体现了人与自然之间的关系，人的利益是人与自然及人与人相互作用的产物。如果缺乏与自然、与他人的协作，就无法顺利完成人的利益的获取过程。其次，人的利益的获取是一种创新、创造，而不是赤裸裸的侵占和掠夺。最后，人的利益是一种责任，它不仅仅是一种获取，同时也是一种付出。从人与自然关系的角度分析，这种付出就是人类要保护生态环境，维护生态平衡，建设生态文明，促进社会—生态系统的共同进步；从人与人的关系角度分析，这种付出意味着对社会的奉献并要承担一定的人文关怀与道义责任，或至少不应以对别的发展主体利益的损害为代价来实现自我的获利。可见，互利双赢型思维理念或思维方式对改善和优化人与自然关系、人与人关系、人的物质和精神关系，减少乃至消除一系列发展的代价问题，实现社会的可持续发展将起到十分重要的促进作用。

五　从改造征服型思维向保护建设型思维转变

传统的高代价的思维方式在处理人与自然的关系上采用的是一种单向的思维路径，即只看到了人对自然的征服改造，或把人之外的自然界看成只是受人开发掠夺的"自然宝库"，而完全忽视了人所承担的生态伦理责任。而低代价的思维方式，则以一种双向共赢的思维理念来处理人与自然间的关系，它要求人类对自然要在保护中开发、在建设中改造，在双向共赢中发展。就是说，人类利益和生态权益是相互影响、相互保障、互为依存的。人只有自觉地意识到自然的内在价值，自觉协调好人类与自然环境的关系，学会"敬畏生命"，才能在尊重和保护环境的前提下谋求人类的利益和幸福。

“大地伦理”的创始人奥尔多·利奥波德就指出：“当一个事物有助于保护生物共同体的和谐、稳定和美丽的时候，它就是正确的，当它走向反面时，就是错误的。”① 而保护生物多样性，构建人与自然生命共同体，推进可持续发展，对人类来说是一个应该做也必须做的伦理价值取向。

第三节　如何实现思维方式的变革

由传统的高代价的思维方式向低代价的可持续的思维方式的转变，是一个长期的但又是相当急迫的系统工程。进入 21 世纪以来，全世界都在遭受着“暖冬”的折磨。联合国政府间气候变化专门委员会（IPCC）早在 2007 年 2 月于巴黎发布的警告中就指出：过去一百年全球平均表面温度升高 0.74 摄氏度，到 2010 年则可能继续升高 1.1 至 6.4 摄氏度。2018 年 10 月，政府间气候变化专门委员会又发布了一份新报告，探讨了在 2100 年前，将全球气温上升限制在比工业化前时间高 1.5 摄氏度的可能性，而不是此前达成的 2 摄氏度的上限。总之，全球变暖已是无可争议的事实。日趋明显的“暖冬”现象似乎在向我们昭示着某种“发展极限”的来临。因为随着全球气温的升高，全球海平面也在升高。例如，1980～2018 年，中国沿海海平面上升速率为 3.3 毫米/年，高于同时段全球平均水平。人类要想避免“后天”式的灾难，必须尽快从现在做起，因为日益严重的生态危机留给我们改正错误的机会确实不多了。发展是一个千秋万代、持续向前的过程。人类未来的命运如何，当代人起着关键的作用，因为后代人是一种潜在的存在者，他们没有选择的权力，主导权掌握在当代人手里。要想拥有美好而安全的未来，当代人必须变革那种传统的高代价的思维方式，而代之以具有可持续性的低代价的思维方式。而要实现这种转变，需要着重做好这样两个方面的

---

① 〔美〕奥尔多·利奥波德：《沙乡年鉴》，侯文蕙译，吉林人民出版社，1997，第 213 页。

工作：其一，在实践领域，要大力倡导生态化的生产方式和生活方式，如积极实施循环经济、倡导适度消费等，推进低碳发展，以从根本上为确立新型的可持续的思维方式创设实践基础；其二，在思想观念领域，要通过各种形式向人们进行人与自然是一种生命共同体和可持续发展的宣传教育，培养和强化人们的生命共同体和可持续发展的意识，并通过相关的道德法规的构建施行以约束人们的生产和生活行为，从而直接促进新的可持续的思维方式的尽快形成。

第九章

可持续发展规律：构建人与自然生命共同体的基本依据

从某种意义上说，推行可持续发展是构建人与自然生命共同体的发展学表现，我们构建人与自然生命共同体必须要落实到可持续发展上，走可持续发展之路。那么，构建人与自然生命共同体为什么要走可持续发展之路或追求一种可持续发展呢？这种依据何在？我们以为，这种客观根据，实际上就是社会历史进程中可持续发展规律的存在及显化。简言之，追求可持续发展，实现人与自然的共生共荣，本质上是可持续发展规律在当代人类发展实践包括新时代中国的发展实践中的必然“流露”或表现。这样，可持续发展规律的提出，为我们理解人与自然生命共同体的可持续品质，并在实践中积极实施一种绿色的可持续发展思想与战略，提供了一种崭新的视角和最为有力的支持。

第一节　可持续发展规律的内涵

社会发展是一个有规律的过程，而社会发展规律一般可分为两种形态或两个层次：其一是基本规律形态，如生产关系适合生产力性质的规律和上层建筑适合经济基础发展状况的规律等，这是在一切社会形态和整个历史阶段都起作用的规律，是历史唯物主义所研究的对象，处于基础层次；其二是特殊规律形态，如社会发展的代价规律、社会发展的协调规律、社会发展的创新规律、社会发展的共生规律等，这是发展哲学或具有现代意义的社会发展理论所要研究的对象。相对于基本规律，这些特殊规律主要有两个特性：断代性和具体性。所谓断代性，是指这些规律要么是在人类社会发展到现当代以后才呈现出的规律趋势，要么是虽存在于文明社会发展的始终，但只是在人类社会发展到现当代以后，才逐渐显现、暴露从而引起了人们的关注与研究；所谓具体性，是指这些规律要么是处于社会某一领域、某一方面的规律，要么是人们基于某一特定的视角而发现揭示的规律。

可持续发展规律就是属于社会发展的特殊的规律形态。所谓可持续发展规律，是人类社会发展进程中绵延不绝、持续不断、永远向前的客观趋势，是社会历史领域人类代际本质的、必然的、稳定的联系。在 20 世纪中后期日趋严重的生态危机的时代背景下，人类首次真正发现和认识到了可持续发展规律的存在。

一　可持续发展规律是人类社会发展进程中固有的绵延不绝、持续不断、永远向前的客观趋势

从历时性角度看，社会发展是连续性与非连续性的统一。所谓连续性，是指承前启后的持续性、代际相传性。在人口生产的推动下、在物质生产的基础上，社会发展就如同滔滔不息、日夜奔流的大江大河，呈现出了绵延不绝、持续不断、世代更替、永远向前的客观趋势，正所谓“青山遮不住，毕竟东流去”。由社会发展的连续性可自然地发现社会发展的至上性即绝对性的特征。社会发展的至上性表达了两层含义：其一，在过程上反映的是发展的世代连续性。其二，在趋势上反映的是发展的无限演进性。“无限演进性”表明，在社会发展中，尽管会出现这样、那样的曲折、停滞甚至倒退，会出现反发展、反进步的现象，但“人类的历史，就是一个不断地从

必然王国向自由王国发展的历史”，“人类总得不断地总结经验，有所发现，有所发明，有所创造，有所前进”。[①] 或者说，人类发展、进步的总趋势是无法逆转的。总之，发展的至上性表明，只要人类存在，人类就一定会凭借自己的本质力量顽强地生存和发展下去，这是一个客观的、必然的趋势。社会发展的这种至上性的本质特征，为我们提出并认识可持续发展规律提供了最主要的客观依据。可以这样说，社会的可持续发展规律，在某种意义上正是对社会发展的至上性的一种表征。

现在需要进一步追问的是，社会发展何以具有这种至上性的特征呢？这要从人的需要与生产的矛盾运动谈起。

一切发展规律都是人的发展活动的规律[②]，而人及其需要具有直接同一性。就人的需要来看，需要具有天然性（与人俱来）、客观性（需要的存在是不依人的意志为转移的）、必然性（需要生成之后一定会通过人或调动人来为自己的实现开辟道路）等的特点。那么，人通过什么样的活动来满足或实现自己的需要呢？如果说动物是通过自身本能的器官活动来满足自己需要的话，人则是通过改造自然和社会的实践活动特别是生产活动来满足自己的需要的。这样，就形成了深藏于人类历史现象背后并起着支撑和驱动作用的基本的矛

---

① 《毛泽东文集》第 8 卷，人民出版社，1999，第 325 页。

② 发展规律具有客观性，而具有客观性的发展规律要通过具有一定主观性的人的发展活动来加以体现，于是就形成了客观性和主观性的矛盾。如何解决这一矛盾？这还要由具有一定主观性的人的活动来回答。换言之，发展规律是客观的，人不可能违背规律，而只能遵循规律。而人对发展规律的积极主动的遵循，正是人的活动的主观性即有意识性、有目的性的内在表现。当然，不同的群体或同一群体内部不同的个体之间往往有着不同的意志力，而为了约束这些作用方向不同的意志力，并将其规范到发展规律所要求的轨道上，于是，人们就制定了一系列法律、道德等规范。也就是说，所谓法规、道德等，其实是对社会发展规律的反映，体现了发展规律的强制性和必然性。例如，人们近亲结婚、破坏生态环境等的行为其实都是违反规律的举动，而为了阻止这种违反规律行为的发生，社会就被迫制定了相应的法规来约束人们的行为。可见，从某种意义上说，所谓“违规”，既是违反法规之意，还是违反规律之意，而这两种“违规”在本质是一致的。总之，一切发展规律都是通过人所制定的法规、道德等来显示它的强制性和对人的制约性的，而相应的法规道德等则深刻地体现了发展规律与人及其活动的相关性。

盾运动——需要和生产的矛盾运动。在《德意志意识形态》中，马克思和恩格斯指出：生产、需要和人口增殖这“三个‘因素’”，“是从历史的最初时期起，从第一批人出现以来，这三个方面就同时存在着，而且现在也还在历史上起着作用”①。在《资本论》中，马克思又指出：“像野蛮人为了满足自己的需要，为了维持和再生产自己的生命，必须与自然搏斗一样，文明人也必须这样做；而且在一切社会形式中，在一切可能的生产方式中，他都必须这样做。这个自然必然性的王国会随着人的发展而扩大，因为需要会扩大；但是，满足这种需要的生产力同时也会扩大。”② 马克思和恩格斯的论述告诉我们：其一，需要和生产的矛盾运动是存在于一切社会形态当中的、具有普遍历史意义的基本的社会运动；其二，需要和生产的矛盾运动对人类社会的发展起着深层次的推动作用。这一矛盾运动的具体表现形态就是：需要→生产→新的需要→新的生产……如此循环上升，推动着人类社会的进步。

从社会可持续发展的角度分析，只要有人，就天然的有人的需要，而人的需要的客观存在，又必然驱动着社会生产的进行和进步，由此推动了社会有机体的世代发展。可见，正是需要与生产的矛盾运动创造并构成了人类历史的必然联系，并进而形成了人类社会由低级向高级发展的世代变动性，使得“历史不外是各个世代的依次交替”③。因此，从某种意义上说，可持续发展规律，就是对需要与生产之间的客观的矛盾运动的深层次反映。

二　可持续发展规律是以人与自然关系为基础的人类代际的本质的、必然的、稳定的联系

任何规律都是事物内部及事物之间的本质的、必然的、稳定的联系。那么，可持续发展规律体现的是一种什么样的联系呢？我们

① 《马克思恩格斯文集》第1卷，人民出版社，2009，第532页。

② 《马克思恩格斯文集》第7卷，人民出版社，2009，第928～929页。

③ 《马克思恩格斯文集》第1卷，人民出版社，2009，第540页。

以为，可持续发展规律是以人与自然关系为依托的人类代际的本质的、必然的、稳定的联系。

社会发展的本质是社会实践。在人的发展实践中，如前所述，生成和调整着这样几种基本的关系：人与自然之间的“人天”关系，人与人之间的“人际”关系以及人的“身心”关系。社会性的“人际”关系既是横向的、共时性的——发生于代内人之间，又是纵向的、历时性的——发生于代际。而社会发展的纵向关系，其实就是一种基于人的需要与生产的矛盾运动基础之上的可持续的代际关系。人类的代际关系和其他形式的社会关系一样，具有客观性、必然性、稳定性、普遍性等特点。这样，社会发展的代际关系，在本质上就形成了社会的可持续发展规律。

人类代际关系究竟是一种什么样的本质关系呢？

其一，前代人的发展实践决定、支配着后代人的发展实践。这主要由社会发展的继承性予以说明。

所谓继承性，是指后代人对前代人发展活动的一定程度的接受性、适应性、维护性。前人的发展构成了后人发展的基础，后人的发展以前人发展的结果（正负两方面的）为客观前提。发展虽是一种在发展主体的目的、愿望的直接支配下的实践进程，但每一代人的发展实践都必须受制于一定的客观条件，他们只能继承这种条件，并在这种条件的制约下从事他们自己的发展活动。“每一代都利用以前各代遗留下来的材料、资金和生产力。”[①] 就发展的代际关系而言，前人活动制约着后人活动，前人活动就是后人活动的客观条件。这种客观条件不是由后人创造的，而是由前人创造生成的，后人只能在前人的基础上开展自己的活动。对此，马克思曾有精辟的论述：“人们自己创造自己的历史，但是他们并不是随心所欲地创造，并不是在他们自己选定的条件下创造，而是在直接碰到的、既定的、从过去承继下来的条件下创造。”[②] 另外，马克思在致帕维尔·瓦西里

① 《马克思恩格斯文集》第1卷，人民出版社，2009，第540页。

② 《马克思恩格斯文集》第2卷，人民出版社，2009，第470～471页。

耶维奇的信中，从生产力的“先在性”的角度深刻阐述了“人们的历史中的联系”。他指出：“人们不能自由选择自己的生产力——这是他们的全部历史的基础，因为任何生产力都是一种既得的力量，是以往的活动的产物。可见，生产力是人们应用能力的结果，但是这种能力本身决定于人们所处的条件，决定于先前已经获得的生产力，决定于在他们以前已经存在、不是由他们创立而是由前一代人创立的社会形式。后来的每一代人都得到前一代人已经取得的生产力并当做原料来为自己新的生产服务，由于这一简单的事实，就形成人们的历史中的联系，就形成人类的历史，这个历史随着人们的生产力以及人们的社会关系的愈益发展而愈益成为人类的历史。”①可见，后人的发展实践要受到前人发展实践的限制，这就使得后人的发展实践表现为一种“被动性”，在一定程度上造成他们对自身发展的“非选择性”。从这种意义上说，后人的发展状况、生存状况首要的是由前人的发展状况决定的。

其二，后代人对前代人的发展实践也有特殊的制约作用。

“后代人可能会责怪我们挥霍浪费，但他们却无法向我们讨债。我们可为所欲为，因为我们可以毫无顾虑：后代人不参加选举，他们没有政治和财政权力，对我们做出的决定不能提出反对。”② 这表明，后代人或未来人只是一种潜在的或可能性的存在，那么，这种“可能性的存在”如何影响、制约前代人或当代人这种“现实性的存在”呢？对此，我们可从发展的目的性、发展主体所具有的趋向于未来的本质特性及社会系统存在的反馈预见机制来说明。

社会发展是一项构件复杂、规模宏大、持续进行的“系统工程”。从动态的角度看，社会发展是由发展目的、发展结果、发展手段这三项基本要素构成的。人的发展活动是从目的到结果的过程。发展目的是社会发展的首要要素。所谓发展目的，是从事发展之前，

① 《马克思恩格斯文集》第10卷，人民出版社，2009，第43页。

② 世界环境与发展委员会：《我们共同的未来》，王之佳、柯金良译，吉林人民出版社，1997，第49页。

在人的头脑中预定的发展活动的趋向和结果，是人们从事发展活动的基本出发点，它在整个发展过程中起着直接的支配作用。发展目的是发展主体的科学认识和人的需要两者的有机统一。科学认识是发展目的的科学尺度，人的需要是发展目的的价值尺度。这里所说的科学认识，不仅是对当下发展现状的认识，而且包含对未来发展趋势的预见和认识；这里所说的人的需要，不仅包括当代人的需要，而且包括了未来人的需要。可见，目的不仅是当下发展活动的产物，而且也是符合子孙后代利益的一种未来理想。这一理想就形成了发展的目标。社会发展过程，就是人类积极实现未来目的的一种努力。因而，由发展的目的性我们可知，社会发展不仅为当下所决定，而且在一定程度上也为未来所制约。

在社会发展的进程中，包含人的“瞻前顾后”的认识活动。“顾后”性认识是一种“回溯性认识”。在欧阳康教授看来，所谓回溯性认识，是指每一特定历史条件下的人们对于那些生存和活动于他们之前的人类社会的认识。但人除了有回溯性认识之外，至少还有“瞻前”性认识或前瞻性认识。欧阳康教授认为，现实与未来的矛盾是前瞻性认识所面临的基本矛盾，而现实与未来的矛盾也包含现实与理想的矛盾。“人们之所以积极地瞻前窥远，预见未来，是与他们对现实社会的不满足和对未来的追求相联系的。”① 而人们对未来理想社会的建构、对未来美好目标的设计，是以社会预见为基础的，即“在社会预见所揭示的社会发展多种趋势、多种可能性的基础上进行选择、比较、抉择和决断，肯定和强化一种趋向，防止或削弱别的趋向，并根据这种目标来规划人们的现实行为，进行方案决策”②。由欧阳康教授对前瞻性认识的分析可知，人们的发展活动事实上在很大程度要受未来因素的支配或限定。

人是社会发展的主体和核心，社会发展就是一个不断满足人的需求、不断实现人的利益的过程。但这里所说的人，是一个整体的

① 欧阳康：《马克思主义认识论研究》，北京师范大学出版社，2012，第217页。

② 欧阳康：《马克思主义认识论研究》，北京师范大学出版社，2012，第217~218页。

概念，即它不仅包括当代人，还包括未来人，是现在人和将来人的统一，或是人的现实和未来的统一。如前所述，人类在物质生产的基础上、在人口生产的推动下，在种类上具有无限延续下去的趋势。这实际上表明，人类不仅生活在现实世界当中，更要生活于未来世界之中，不断地、积极主动地趋向于未来，创造未来的理想世界，这是人所特有的一种自由本性。而人要想拥有一个美好的未来，就不得不通过人类社会特有的反馈机制，以预见性的方式“捕捉”和“接收”来自未来的有效信息，不断修正和调整眼下正在进行或将要进行的发展活动。

人类社会的发展，总是存在不确定性，趋向于未来理想的发展实践，社会系统内外各种因素的作用，往往使得人的发展目的、发展愿望不能或不能很好地变为现实，而要想顺利地、成功地抵达发展目的的“彼岸”，就必须对发展进程施加一定的控制作用，以克服某些不确定因素。而这种控制主要通过人的预测反馈机制来实现。

反馈是控制系统实现控制职能的最基本的方法，即控制系统把信息输出去，又把其对被控客体的作用返收回来，以调整信息的再输出，从而在调控中达到预期的目的。人类社会是一个庞大的自组织系统，它存在复杂的反馈机制。从历时性角度看，人类社会在发展中，基于目前发展活动对未来可能造成影响的预测结果，来不断修正和调整眼下正在进行或将要进行的发展实践，或创新发展理念，或修正发展目标，或转变发展方式，或完善发展方案，或改进发展手段，等等，以实现在发展中既对当代人有益又对未来人有益，或既对人的今天有利又对人的明天有利的理想目标。可见，人们通过科学的预测活动，把在未来中将要出现的各种可能情况“反馈”到目前的发展实践中以发挥调整、控制的作用，正说明了未来也以一种特殊的形式在影响制约着现在。

第二节　日趋严重的生态危机使人类第一次真正认识到可持续发展规律的存在

在一代又一代人的实践活动的推动下，历史的列车终于驶到了今天。这表明，自人类诞生之日起，可持续发展实际上作为一个重要的规律趋势一直潜在地存在。但这一规律在人类历经无数代的发展之后，直到20世纪中后期，才真正被人类发现并认知，这是有着深刻的历史原因的。

工业革命之前的社会历史，虽然也存在持续不断、永远向前的客观大趋势，存在发展主体要处理的这样那样的代际关系问题——如中国封建社会的一些观念认识——“前人栽树，后人乘凉”“不孝有三，无后为大”等，实际上关涉的是前一代人和子孙后代的关系问题。但那时由于总体上的社会生产力水平低下和人们的认知能力有限，特别是由于还不曾存在人与自然之间全面的、深刻的对立与冲突，因而，人们并未自觉感悟到可持续发展规律的存在，社会领域的持续不断、永远向前的客观大趋势，只是在人的自发的、并无多大科学预见性的实践活动中形成和显现的。当现实中还不曾存在足以威胁社会的“持续发展”的问题时，人们有理由相信“子子孙孙，无穷匮也”。但是，自近代工业革命以来，特别是20世纪以来，人类在发展中逐步遇到了日趋严重的现实问题——主要是生态环境问题——之后，才真正感悟到了可持续发展这一铁的规律的存在。

众所周知，人类社会的发展，需要以资源环境为其绝对永恒的自然基础。这种人类发展对资源环境的依赖，不是某一代人类的，而是代代人类的。然而资源环境从总体上讲是有限的：不可再生资源的储藏量是有限的，可再生资源的再生产能力是有限的，生态环境的自净同化能力也是有限的，等等。不幸的是，这种有限的资源环境正面临来自人类的越来越大的冲击与压力。工业化时代以来，在人口增长和科技进步的作用下，人类将自然界置于与自己相对立的位置，以破坏性的或反生态的生产方式、生活方式对待自然资源和生态环境，结果造成今天空前严重的环境问题：资源枯竭、环境污染、生态失衡、天灾频发。面对拥挤的地球和危机重重的人类社会，人们似乎普遍看不到未来，或者说在不少人看来，人类的未来是灰色的甚至是黯淡无光的。例如，当科学家们展望十万年后的人类或地球会是什么样子的时候，许多人就会在网上这样留言："重病"缠身的人类可能在几百或几千年后就自我毁灭了，有必要操那么远的心吗？总之，"地球曾经是生命的乐园，如今却被人类糟蹋得满目疮痍，破败不堪！"[①] 或者说，"完全违反自然的荒芜，日益腐败的自然界"[②] 则成了当今人类必须面对的现实。

环境问题的出现及加剧，已经从根本上动摇了人类生存的自然基础，极大地破坏了社会发展进程中的持续不断、永远向前的客观趋势，严重威胁着子孙后代的利益，造成当代人与子孙后代的尖锐的利益冲突。正是在环境问题的作用下，在人们的环境意识生成和觉醒的时代氛围中，人们才深切地感受到了社会历史进程中可持续发展规律的存在。换言之，目前人类之所以面临如此严峻的"人天"不和问题，一个深层次的重要原因，就是人类在发展中违背了可持续发展规律。规律是客观的，它具有强迫性，而"不以伟大的自然规律为依据的人类计划，只会带来灾难"[③]。

第三节　可持续发展规律提供了理解人与自然生命共同体建构的基础

可持续发展规律的被阐发，不仅深化了学界关于可持续发展问题的认识，更为我们提供了深入理解构建人与自然生命共同体而走可持续发展之路的客观基础或依据。可持续发展规律的客观存在——

---

① 〔美〕纳什：《大自然的权利》，杨通进译，青岛出版社，1999，第 210 页。

② 《马克思恩格斯文集》第 1 卷，人民出版社，2009，第 225 页。

③ 《马克思恩格斯全集》第 31 卷（上册），人民出版社，2016，第 251 页。

而且这种规律在当今日趋严重的生态危机的压迫下凸显了其不容被违反的铁的强制性，就要求我们在开展生态文明建设、优化人与自然关系的实践进程中必须认真遵循这一规律，而生态文明建设或绿色发展对可持续发展规律的遵循，就使绿色发展或人与自然生命共同体的构建在规律的层面上必然地获得了一种可持续的向度。换言之，我们积极推进可持续发展战略，认真优化人与自然的关系，其实正是可持续发展规律在当今的科学发展实践中的充分表现，是我们在具有浓厚绿色背景的新时代认真遵循社会发展规律的理性之举。

第十章 绿色消费与可持续发展

从根本上讲，人类把自己推向危境甚至绝境的，不是其为求生存、求温饱的奋斗实践，而是一种多余的贪婪和对占有欲的追求！并且，这种主宰了整个世界的追求在许多方面仍不可遏止地继续着、发展着。“人的最大威胁来自他自己”，这句话就很适合描述人与自然之间的关系。具体说，正是人的高消耗的生产方式、高消费的生活方式、功利化的思维方式所产生的“恶性”合力对生态环境进而对人类的持续发展构成了致命威胁。因此，要顺利实施可持续发展战略，就不仅对生产方式、思维方式进行变革，走生产的生态化发展道路和用互利型思维方式取代传统的功利型思维方式，而且务必要对人们的生活方式进行改造，用绿色的生态性消费替代目前还相当盛行的不合理的高消费。当然，消费是和需要紧密相连的。这里，我们首先从社会转型的角度对新时期以来我国人民在需要方面所发生的变化及其存在的问题进行逻辑与历史相统一的考察。

第一节 从社会转型视角看中国人民需要的变化及其存在的问题

1978 年启动的改革开放，在新中国的发展史上无疑具有分水岭的意义，因为自此中国社会进入一个新的“转型期”。转型期的中国社会在总体上呈现出了这样一种态势：体制大变革、结构大调整、生产大发展、生活大变样、利益大分化、风险大增加、问题大暴露。这就是说，转型期的中国社会有着复杂多样的变化，但最直接、最充分的变化则体现在人的方面，如人的工作方式、交往方式、消费方式、思维方式及精神面貌等变化。因此，考察或分析中国社会的转型，离不开人的维度或人学的视角。而在人学的视角中，需要是其中的一个重要方面。在马克思看来，需要即人的本性，我们基于人学的视角——特别是其中的人的需要及其变化的角度来认识新时期中国社会的转型，无疑能对当今中国社会转型这一复杂而伟大的社会工程有深刻而独到的认识。

一　重视和满足人的需要是中国社会转型的原动力

当今中国社会为什么会发生如此深刻而广泛的转型？或者说，我们为什么要告别计划经济而转向市场经济，为什么要放弃以阶级斗争为纲而转向以经济建设为中心，为什么要启动改革开放的伟大工程？其背后深藏的动力因素是什么呢？

“我们太穷了，太落后了，老实说对不起人民。我们现在必须发展生产力，改善人民生活条件。”① 这是1978年9月邓小平在“北方谈话”中发出的肺腑之言。还是在“北方谈话”中邓小平强调：“我们一定要根据现在的有利条件加速发展生产力，使人民的物质生活好一些，使人民的文化生活、精神面貌好一些。”② 邓小平的谈话，旗帜鲜明地坚持了马克思主义的生产力观点。所谓“穷”，是指生产力的落后、国民经济的匮乏及其所导致的不能或不能很好满足广大群众基本的物质文化生活需要的情况。正由于广大群众基本的生活需要没有得到满足甚至相当多的人难以达到温饱，所以，就要大力发展生产力、努力“使人民的物质生活和文化生活好一些”。可见，正是因为对广大群众普遍贫困的正视及满足人民群众基本的物

① 《邓小平年谱（1975－1997）》，中央文献出版社，2004，第381页。
② 《邓小平年谱（1975－1997）》，中央文献出版社，2004，第380页。

质文化需要的迫切性，我们党才开始了改革开放的历史进程。

“所谓人的需要，是人的生命活动的内在规定性。它反映人与其生存条件的依赖关系，是人对作为其生存和发展条件的客观对象的趋向和求取状态，是人的生命活动的内在根据和存在方式。”[①] 在马克思看来：人的需要是一种“自然的必然性”[②]。换言之，人有与生俱来的需要，自然就有满足这种需要的活动。这样，需要实际上就成了人们进行各种社会活动的内在驱动力。“任何人如果不同时为了自己的某种需要和为了这种需要的器官而做事，他就什么也不能做。”[③] 那么，人是通过什么样的活动来满足自己需要的呢？如果说动物是通过自身本能的器官活动来满足自己需要的话，人则是通过改造自然和社会的实践活动特别是生产活动来满足自己的需要的。这样，就形成了深藏于人类历史现象背后并起着支撑和驱动作用的基本的矛盾运动规律——需要和生产的矛盾运动规律。在《德意志意识形态》中，马克思、恩格斯指出：生产、需要和人口增殖这“三个‘因素’”，“是从历史的最初时期起，从第一批人出现以来，这三个方面就同时存在着，而且现在也还在历史上起着作用”。[④] 在《资本论》中，马克思又指出：“像野蛮人为了满足自己的需要，为了维持和再生产自己的生命，必须与自然搏斗一样，文明人也必须这样做；而且在一切社会形式中，在一切可能的生产方式中，他都必须这样做。这个自然必然性的王国会随着人的发展而扩大，因为需要会扩大；但是，满足这种需要的生产力同时也会扩大。”[⑤] 马克思、恩格斯的论述告诉我们：其一，需要和生产的矛盾运动规律是存在于一切社会形态当中具有普遍历史意义的基本的社会运动规律。其二，需要和生产的矛盾运动对人类社会的发展起着深层次的推动作用。这一矛盾运动的具体表现形态就是：需要→生产→新的需

---

① 赵家祥等主编《历史唯物主义教程》，北京大学出版社，1999，第306页。

② 《马克思恩格斯文集》第1卷，人民出版社，2009，第42页。

③ 《马克思恩格斯全集》第3卷，人民出版社，2016，第286页。

④ 《马克思恩格斯文集》第1卷，人民出版社，2009，第532页。

⑤ 《马克思恩格斯文集》第7卷，人民出版社，2009，第928～929页。

要→新的生产……如此循环上升，推动着人类社会的进步。

既然在社会发展的背后，深藏着人的需要和生产的矛盾运动规律，那么，就社会的变革转型包括中国社会的转型发展而言，自然也要受这一运动规律的制约，就是说，当今中国社会的转型同样是在人的需要和生产之间的矛盾运动规律的驱动下实现并完成的。

当今中国社会转型发生的最基本的现实依据就是中国的贫穷落后。这表现在两个方面：在物的方面是指生产力的落后和经济的短缺匮乏，在人的方面则是指人的基本需要的难以有效满足和人民生活水平的低下。或者说，以往中国的贫穷落后，是错误的路线政策对人的需要和生产之间矛盾运动规律的违背和践踏的结果。当我们告别了荒唐的过去，在极左政治迷雾中醒悟过来的国人，在“国门”开放之后所提供的中西对比的视角中，发现了我们贫穷落后的“苦难现实”时，需要和生产之间的矛盾运动就再一次发挥出了其强大的规律驱动作用——它以强制性的力量迫使我们重视人的需要、重视生产力的发展。

新时期中国社会转型的一个重要成果就是社会主要矛盾的重新认定和科学把握。或者说，当我们提出人民日益增长的物质文化需要同落后的社会生产之间的矛盾——这一矛盾其实是需要和生产之间的矛盾运动规律在当今中国社会生活中的具体表现——是当今中国社会的主要矛盾时，这就意味着，关注人的需要、积极满足人们的合理需求，已经成为当今转型期中国社会生活的主流话题和社会发展的主导性价值取向。这同时也成为我们从人的需要及其变化的角度认识中国当今社会转型的最基本的事实根据。

二　需要的积极变化映现着中国社会转型的进步性

当今中国社会的转型将是一个长期的、曲折的、艰难的进程，其间充满了阵痛和风险，但其长远的、必然的走向将是国家的富强、人民的幸福、社会的和谐、文明的进步。如何衡量和把握中国社会转型的进步性，人的需要及其良性变化，无疑是一个值得关注的视角。

“人以其需要的无限性和广泛性区别于其他一切动物。”[①] 这表明，人的需要是个复杂的系统，具有相当不同的类型和层次。长期以来，中外学者在关于人的需要问题的研究中，对需要的类别和层次做了多种多样的划分。马克思和恩格斯从哲学的角度，把人的需要划分为生存需要、享受需要、发展需要三个层次；马斯洛从心理学的角度，把人的需要归结为生理需要、安全需要、归属和爱的需要、尊重需要、自我实现的需要五个层次；等等。在这里，笔者同意王双桥教授的划分。他认为，如果从人学的角度对学界关于人的需要的各种划分加以综合的话，可把人的需要概括为生存需要、享受需要、情感需要、发展需要等依次上升的四个层次。[②]

生存需要是指人维持自身生命存在及过正常社会生活的需要，包括最基本的衣食住行和性爱的需要、安全的需要、健康的需要等。在需要的立体性层级结构中，生存需要处于最低的层次，也是人的最基本的或基础性的需要。我们说需要对社会历史的发展起着原动力的作用，首先是就人的生存需要而言的。或者说，人的生存需要是一切历史活动的起点和核心。正如马克思、恩格斯所指出的：“一切人类生存的第一个前提，也就是一切历史的第一个前提，这个前提是：人们为了能够‘创造历史’，必须能够生活。但是为了生活，首先就需要吃喝住穿以及其他一些东西。因此第一个历史活动就是生产满足这些需要的资料，即生产物质生活本身，而且，这是人们从几千年前直到今天单是为了维持生活就必须每日每时从事的历史活动，是一切历史的基本条件。”[③]

在改革开放前的中国，由于生产力的落后、物质产品的匮乏，国人的生活水平大多处于很低的水平，人们的需要具有鲜明的生存型、温饱型的特征，而且相当多的人尚不得温饱。例如，1978 年，

① 《马克思恩格斯全集》第 49 卷，人民出版社，2016，第 130 页。
② 参见王双桥《论人的需要的上升规律》，《求索》2004 年第 6 期。
③ 《马克思恩格斯文集》第 1 卷，人民出版社，2009，第 531 页。

我国国内生产总值只有3645亿元，在世界主要国家中位居第10位。人均国民总收入仅190美元，位居最不发达的低收入国家行列。农村尚有2.5亿贫困人口。面对这种情况，早在1975年9月，邓小平同志就痛心地指出："我们还很穷、很落后，不管是工业、农业，要赶上世界先进水平还要几十年的时间。……全国还有部分县、地区，粮食产量还不如解放初期，即使是个别的情况，也是值得很好注意的事。社员收入有的很少，有的还倒欠账。这种状况，我们能够满意吗？"①

"需要是同满足需要的手段一同发展的，并且是依靠这些手段发展的。"② 就是说，需要决定着生产，生产又推动着需要的发展。人们"一旦满足了某一范围的需要，又会游离出、创造出新的需要"。需要的这种演变特征，列宁称之为"需要增长的规律"③，"需要增长的规律"主要表现为：需要的数量、种类呈不断增多的趋势，需要的质量、水平呈不断提高的趋势，需要的结构层次呈现出由低级向高级不断攀升的趋势。根据人的"需要增长的规律"或需要的递增规律，当人的生存需要基本得到满足后，人们还会产生出新的享受需要、情感需要和发展需要，从而推动着生产的发展和社会进步。

改革开放以来，随着国民经济的好转和物质产品的极大丰富，以及人们思想的解放和观念的转型，特别是随着我国总体上实现小康社会，我国人民在需要方面的一个重要变化就是逐步进入一个"后温饱"的时代。"后温饱"时代是指人们在基本上告别了以往那种单一、低水平的生存需要后，而进入人的需要及其满足的多样化、高档化的时代。这时，人们逐步重视享受需要、情感需要和发展需要及其满足的问题。

所谓享受需要，是指在满足生存需要的基础上进一步提高生活质量、改善生活条件从而过上更加幸福、舒适、体面（自尊）生活

---

① 《邓小平年谱（1975－1997）》，中央文献出版社，2004，第98页。

② 《马克思恩格斯文集》第5卷，人民出版社，2009，第585～586页。

③ 《列宁全集》第1卷，人民出版社，1984，第85页。

的需求。“食必常饱，然后求美；衣必常暖，然后求丽，居必常安，然后求乐。”我国古代思想家墨子的这段话形象地表达了人们在“食饱”“衣暖”“居安”的基础上对生活享受的追求。改革开放以来，国人在衣食住行等方面逐步迈入一个求美、求丽、求乐、求舒适的新阶段。人们在饮食上追求营养和美味，在穿着上追求华丽而得体，在居住上追求宽畅和舒适，在交通上追求快捷和安全，这些已成为新时期人们生活的新时尚、新追求。

具有丰富和发达的情感是人区别于动物的一种特性。所谓情感需要，是指人们在社会实践和社会交往的过程中，对积极向上和激动愉悦的情感的渴望与追求。尽管在人的享受需要中含有使人“赏心悦目”的成分和功能，但严格说来，享受需要在本质上依然是一种物质性的需要，而只有情感需要是超功利、超物质的。这种超功利的情感需要主要表现为人的审美需要，或者说，审美需要是人的情感需要中的核心内容或主干部分。在当今的中国社会，伴随着生产力的进步和科技的发达，在社会生活中渗透着日益丰富的审美文化信息，整个社会正在越来越多地向人的心灵的感悟和精神享受的层面倾斜，表现为在丰盛、繁华的物的世界的背后，更加关注人的精神世界的充实和满足。质而言之，随着中国人民在总体上已经富了起来以及中国特色社会主义事业进入新时代，一种力图淡化物质功利、追求人的全面发展的“审美文化”正在崛起（这是对当今社会生活中出现的物对人的奴役、束缚的普遍现象的一种超越和反正，尽管这种反正的力量目前还比较弱小）。其显著特征是社会发展越来越趋向于美化，精神愉悦和心理体验成为感受和“享用”发展成果的重要形式。通过休闲娱乐、游览观照等方式完成的审美活动虽然主要是诉诸人的感官的，但它是对人的情感的激发、心灵的净化和使人从“物役”中的解放。改革开放后的中国，逐渐摆脱了以往那种单调、晦暗、沉闷、注目于温饱的现实，而渐渐迈入一个以关注梦想、历险、精神及情感生活为特征的丰富多彩的“美化社会”。新时期的国人，不仅在积极地创美，而且还在认真地审美，并在创美和审美中充分满足着自己的情感需要。

在现实生活中，不同的人在生存需要、享受需要和情感需要的满足内容、满足方式、满足程度等方面往往是不同的。要想更好地满足自己的生存需要、享受需要和情感需要，人还必须诉诸发展，必须实现自己的发展需要。所谓发展需要，是指人通过学习、锻炼等途径以完善自己、提升自己、实现自我理想的一种最高层次的需要。发展需要相当于马斯洛的“自我实现需要”、麦克里兰的“成就需要”、阿德弗的“成长需要”等。相比较而言，生存需要、享受需要和情感需要主要是一种“自我”性的需要，即这些需求的功能主要是满足自我的物质和情感需求。当这些需要得到满足之后，作为社会的人还有着“不断地超越‘自我’，实现自己的理想、事业，为社会多做贡献，更多地实现自己的社会价值，即达到所谓‘自我实现’的要求”[①]。从理论上分析，转型期的中国社会正在由权力社会走向能力社会、由依附社会走向自立社会、由身份社会走向实力社会、由注重先天给定社会走向注重后天努力社会等。[②] 适应着这一系列的重大变革，越来越多的国人正在通过教育等途径努力改变自己原有的生存状态，以扬弃和修正自己生存活动中的缺陷和不足，从而不断地丰富人生、改善人生，实现自己诗意地“栖居”，积极展示自己的社会性价值。

总之，在国人需要的丰富和提升中，我们不仅把握到了中国社会转型所蕴含的强大动力因素，而且发现了衡量中国社会转型之进步性的重要标尺——这是一种独特而又十分重要的衡量尺度，应当引起我们的高度关注。

三　需要及其满足的问题反映了中国社会转型的曲折性

从需要的角度分析，衡量社会的发展进步，不是看社会对人的低层次需要的满足程度，而是看它对人的高层次需要的满足程度。

---

① 陈志尚、张维祥：《关于人的需要的几个问题》，《人文杂志》1998 年第 1 期。

② 参见韩庆祥《当代中国的社会转型》，《现代哲学》2002 年第 3 期。

如上所述，当今中国社会的转型，表现出了鲜明的进步取向。但在当下的中国社会，为什么还会出现“端起饭碗吃肉，放下筷子骂娘”“开着小车骂社会”之类的矛盾现象呢？从需要的角度分析，人们“端起饭碗吃肉”或“开小车”是指自己的生存需要和享受需要得到了满足，但“放下筷子骂娘”或“骂社会”却说明了人的高层次需要或超出生存需要的其他方面的需要还没有得到满足或没有得到很好的满足，所以，人们就有意见。这种“骂娘”的现象充分说明了当今中国社会在转型过程中还存在一系列问题，还有其不合理性、不科学性。换言之，当今中国社会转型过程中存在的问题，完全可以从人的需要及其满足活动中找到“病因”或根据。

那么，当今国人在需要和需要的满足方面存在什么样的问题呢？主要有两个方面的问题：一是单一片面的需要观；二是在这种片面需要观指导下的人的不合理的满足需要的活动。

就单一片面的需要观而言：

其一，从政府或企业或社会的角度看，在人的需要的满足方面，存在只关注人的生存需要、享受需要这些物质性需要的现象或倾向，而忽视了人的其他方面的需要如情感需要、发展需要等。即使在人的生存需要的满足方面，政府或企业的一些做法也仅仅把注意力集中于人的衣食住行这些最基本的物质需要方面，以为只要满足了这些需要，就等于满足了人的所有的需要，甚至对属于生存需要中的安全需要、自尊需要等都视而不见。这是一种将人的需要等同于生存需要，又将人的生存需要等同于衣食住行需要的片面化、狭隘化的做法。一些企业无视国家的有关法规，随意延长工人的工作时间或强迫加班，连能满足工人的情感需要、发展需要的节假日都予以取消，基本上把工人当成了只会劳动的“机器人”。

其二，现今社会，在不少人所持的需要观中低级的生存需要和享受需要占据着主导地位，并呈现出急功近利性和庸俗性等特征。或者说，在当今的社会生活中，有相当多的人，仅仅从生存需要特别是享受需要的角度来规划自己的人生追求，来衡量自己的人生实践。不少人在解决了温饱问题并率先富起来之后，操持着“今日有酒今日醉，明日没酒喝凉水”的生活理念，追求一种庸俗的享受需要和畸形的情感需要，贪钱、贪色、贪图享乐等，甚至坠入犯罪的深渊。一些人只是拖着“沉重的肉身”，在不断膨胀的欲望的驱使下，冷漠而故作高雅地行走在庸俗的生活舞台上，从而把自己完全“功利化”甚至“动物化”。

就人的不合理的满足需要的活动而言，主要表现为需要满足的自我中心化问题和满足方式或手段的不当甚至有害问题。

其一，需要满足的自我中心化问题。这又主要表现为人们只看到了自我需要的满足情况而忽视了自己所应当承担的社会责任问题。需要既具有“为我”的功能——实现自我的生存和发展，又具有“利他”的功能——促进社会的和谐与进步。这种需要的“利他”性功能主要体现为人的一种社会责任问题。如前所述，人是通过生产等现实活动来满足自我需要的。而当人通过实践开发利用外在事物特别是自然客体以满足自身需要的时候，势必会对自然客体的结构、成分、功能等造成或多或少、或大或小的破坏与损害，特别是在这种满足需要的实践活动出现了偏差或满足活动极端功利化的情况下。这样的破坏如果能被控制在为自然客体所能接受的范围内，还不至于影响自然客体对人的有用性或意义性，但如果这种破坏超出了自然客体本身所能承受的限度，就会使自然客体对人的有用性异变成“有害性”。这时需要主体该怎么办呢？人们当然不会对自然客体的衰败熟视无睹或听之任之，这时一般会采取两种态度：一是约束和完善需要主体的需要满足活动——这是基于需要主体方面所做的工作；二是积极维护和建设自然客体，恢复增强它能持续不断满足人的需要的结构和性能——这是基于需要客体方面所做的工作。而当我们如此把握需要及其与满足需要的对象间的关系时，伦理责任的概念就出场了，就是说，在满足需要的实践中，应当内含责任关怀的内容。但传统的满足需要的实践活动，只关注自我需要的满足情况，只重视如何更多、更快、更好地向自然、向社会、向他人索取属于自我的需要资料，而在相当程度上忽视甚至放弃了对自然、社会和他人应有的关爱、奉献与回报，从而普遍地割裂了需要和责任的关系，将需要的“为我”性变成了极端的“唯我”性，由此滋生了一系列严重的现实问题。

其二，需要满足的手段、方式的不合理问题。即人们往往是在单一、片面的需要观的支配下，在忽视了责任关怀的前提下，以一种不当的甚至有害的手段或方式来满足自己的需要。这种不当的手段或方式具体表现为：在需要的结构上，以牺牲其他需要为代价来满足某一种需要；在需要主体间的关系方面，以损害其他主体包括社会的需要和利益来满足自我的需要；在需要主体和需要客体的关系上，以牺牲、损害需要客体的权益来满足自我的需要。

单一、片面的需要观和满足需要活动的不合理性，造成一系列相当严重的问题，它是拜金主义、唯物质主义、极端利己主义及一系列违法犯罪行为发生和盛行的深层次根据，也是人与自然关系紧张、人与人关系紧张、人的物质和精神关系紧张的深层次原因，对于美好生活需要的满足、人与自然生命共同体的构建以及可持续发展的实现都具有严重的危害性。因此，我们务必要建构一种科学的需要观，并在这种科学需要观的驱引下，以一种科学合理的方式——基于生态环保的角度是指以绿色生态的方式——最大限度地满足最大多数人的丰富多样的合理需要即对美好生活的需要，从而在促进当今中国社会科学转型的进程中培养一种绿色的消费方式。

第二节　急剧膨胀的消费需求是造成生态危机的深层次原因

学界曾形成了这样一种共识：急剧增长的人口是造成生态危机即生态代价的主要根源之一。“只有人口增长能与高消费相匹敌成为生态恶化的原因，但至少世界上的很多政府和人民已经把人口增长看做是一个问题；与之相反，消费却几乎一直被普遍看做是好事。”[①] 然而，增长过快的人口之所以会对生态环境造成危害，关键在于越来越多的人口形成了一股越来越大的消费压力。人同其他动物种类一样，时刻都有这样那样的消费需求。而人的所有消费资料最初都取之于自然界，这样，人口越多，消费压力就越大；而消费压力越大，对生态系统的冲击就越大，致使生态系统失衡、紊乱、崩溃的可能性就越大。可见，人口压力其实是通过消费压力来冲击人与自然之间的关系的。

从经济生产的角度看，不合理的反生态的生产方式，固然是造成生态危机的又一主要原因，但人的任何生产活动都与人的消费有关。根据政治经济学的原理，消费（包括生产消费和个人消费）是社会生产过程的四个环节之一。如果说生产是这个过程的起点，消费就是它的终点。一般说来，在社会生产过程中，生产居于支配地位，起着主导性的作用，因而生产决定消费；同时，消费也有反作用，它反过来也影响生产，延缓或促进生产的发展。生产和消费的同一性表现在：①直接的同一性，即生产是消费，消费是生产。生产是消费，是指物质资料的生产过程，就是劳动力和生产资料的消费过程；消费就是生产，是指生活资料的个人消费过程，就是劳动力的再生产过程。②生产和消费相互依存，互为前提。生产离不开消费，消费离不开生产。生产为消费提供资料，没有生产，消费就没有对象。从消费方面看，消费不仅使生产得以最后完成，同时，它还为生产创造出新的更多的需要。这种新的更多的需要成为新的生产的动力和目的，促进生产不断向前发展。所以，没有生产，就没有消费；同时，没有消费，也就没有生产。

既然生产离不开消费，生产需要通过消费来拉动，因而人的消费需求越大，经济发展的速度一般也就越快，在传统的高代价的经济增长方式下，对自然造成的破坏也就越大。总之，在造成生态危机的人口因素和生产因素中，急剧膨胀的消费需求可以说是一个关

① 〔美〕艾伦·杜宁：《多少算够——消费社会与地球的未来》，毕聿译，吉林人民出版社，1997，第4~5页。

键的、深层次的原因。联合国开发计划署在2000年的全球环境展望报告中就曾指出:“全球多数人的持续贫穷和少数人的过度消费是导致环境退化的两个主要原因。”① 而在2005年,由95个国家的1300多名科学家合作完成的《联合国千年生态系统评估报告》——这一被誉为对人类赖以生存的生态系统最全面的调查报告就发现,24个关键的全球生态系统中有15个正处于严重的退化状态:人类文明正以惊人的速度不可持续地消耗着地球上的自然资源;其结果是,人类赖以生存的2/3的生态系统面临着毁灭的危险。“报告清楚地表明,人类与现代工业文明紧密相关的‘生活方式’是造成环境破坏的重要原因。”②

当然,问题不在于人有需求,而在于人有不合理的需求及消费行为。人的消费需求的增大,有两个方面的重要原因:一是随着人口的增加,人的消费需求在不断增大,这是人的消费需求的绝对量的增加;二是随着生活水平的提高,人的消费需求呈现出了不断递进攀高(以高消费为代表)的趋势,这可以看作人的消费需求的相对量的增大。“在一个世纪里,人口总数增加了2倍,人类的效率是原来的10倍,人的欲望和需求翻了许许多多倍。”③ 但相比较而言,人的消费需求的相对量的增大尤其是高消费行为的增多或普遍化所造成的生态负效应更大,因为在人口越来越多、人的基本需求首先需要予以保障的情况下,“自然只能满足人的需要,而不能满足人的贪婪”了。全球生态系统之所以面临行将崩溃的危险,就是因为造成这一后果的要素是带有毁灭性的价值观。“消费型文化通过鼓励无限制的消费来刺激无限制的经济扩张。这种刺激是通过鼓励人们去追求无法满足的欲望而不是去解决基本需要来起作用的。虽然地球

---

① 〔英〕纳菲兹·摩萨迪克·艾哈迈德:《文明的危机》,谭春霞译,新华出版社,2012,第124页。

② 〔英〕纳菲兹·摩萨迪克·艾哈迈德:《文明的危机》,谭春霞译,新华出版社,2012,第61页。

③ 〔法〕阿尔贝·雅卡尔:《“有限世界”时代的来临》,刘伟译,广西师范大学出版社,2004,“前言”第5页。

拥有可以满足所有人基本需要的充足的资源，但对于满足所有人的贪欲来说太微不足道了。”①

第三节　不能把养尊处优的反生态的消费方式推广给在地球上占多数的穷人

所谓反生态的消费方式是指这种消费方式在满足人的消费需求的同时，造成或促成了一系列严重的生态问题及社会问题，从而呈现出了“高消费、高代价”的消费态势。

反生态的消费方式具有高代价性，这种消费方式是与高代价的发展模式特别是高代价的经济增长方式相伴而生的，它是传统发展模式在消费领域的体现。凯恩斯认为，需求决定产量。总产量的下降和失业的产生是由于有效需求不足。而造成有效需求不足的原因是消费水平太低。因此，为了实现增长就必须扩大投资尤其是提高消费。凯恩斯反对节约，主张刺激消费，甚至提倡奢侈型消费。在这种经济理论的支配下，传统的高代价经济增长方式的运行轨迹是“大量投入、大量生产、大量消费、大量废弃”。其中，“大量生产”是目的，“大量投入”、“大量消费”和“大量废弃”是手段。由此导致过度的奢侈性的消费，并使这种消费成为经济增长的前提和支撑。

现代工业文明的发展，导致“过度生产”和“过度消费”。以追逐利润为目的的“过度生产”，使技术规模越来越大、能源需求越来越多、生产日益专业化；而“过度消费”则使整个社会的消费日趋膨胀，有可能超过自然生态系统所能承受的限度。西方生态学马克思主义认为，当代资本主义为了缓解经济危机，而诱使人们在市场机制的作用下把追求消费当作真正的满足，从而导致“异化消费”。所谓“异化消费”，指的是人们用获得商品的办法去补偿其令

① 〔美〕格雷姆·泰勒：《地球危机》，赵娟译，海南出版社，2010，第57页。

人厌烦的、非创造性的，而且往往是报酬不足的物质生活。人们逃避到以广告为中介的商品消费中去寻找人生的意义，并把消费作为一种自我满足的手段，把消费当作人生的唯一乐趣，因而这样的消费就是一种异化的消费。“我们的论证立足于这样一种看法，即资本主义和国家社会主义的结构上的弱点导致了人们在其中不得不通过个人的高消费来寻求幸福的环境，从而加速工业的增长，对业已脆弱的生态进一步造成压力，一句话，劳动中缺乏自我表达的自由和意图，就会使人逐渐变得越来越柔弱并依附于消费行为。”① 西方生态学马克思主义关于现代资本主义经济危机的趋势已转移到消费领域，即生态危机取代了经济危机的观点是否正确，我们暂且不论，但他们从过度消费即高消费的角度分析发达资本主义所造成的生态危机的思路则是很有见地的。

反生态的消费方式主要有这样两个基本特征。其一，是一种挥霍型的消费方式。如这种消费方式追求一次性的消费，而且生产力发展程度越高，消费中的这种一次性的表现就越突出。“工业社会已经创造了这样一个城市景观，如果他们每天不挥霍相当自身重量的金属和燃料，他们就与之不相衬。”② 美国著名战略学家兹比格涅夫·布热津斯基在其《大失控与大混乱》一书中指出，一股追求在丰饶中的纵欲无度的精神空虚之风正在开始主宰人类的行为。“界定个人行为的道德准则的下降和对物质商品的强调，两者相互结合就产生了行为方面的自由放纵和动机方面的物质贪婪。‘贪婪就是好’——80年代后期美国嬉皮士的口号——对于丰饶中的纵欲无度来说是恰如其分的座右铭。”③ 当前人类面临两种“根源性”的增长：一方面是人口越来越多，另一方面则是越来越多的人口在追求

① 〔加〕本·阿格尔：《西方马克思主义概论》，慎之等译，中国人民大学出版社，1991，第493页。

② 〔美〕艾伦·杜宁：《多少算够——消费社会与地球的未来》，毕聿译，吉林人民出版社，1997，第64页。

③ 〔美〕兹比格涅夫·布热津斯基：《大失控与大混乱》，潘嘉玢、刘瑞祥译，中国社会科学出版社，1994，第76页。

日益舒适、奢华的生活。这就无疑使得人类的资源总消费量呈几何级数增长，从而给地球生态系统造成无法承受的压力。其二，反生态的消费方式渗透着消费享乐主义，消费享乐主义已成为一种大众文化。其特点是以毫无顾忌、毫无节制地占有和消耗自然资源与物质财富为荣，把物质生活消费看作人生最高的目的、价值和幸福。在这种观念的诱导下，物质生活消费逐步失去它本来的功能和意义，产生了种种非常态的消费变异，如猎奇式消费、炫耀式消费、攀比式消费、“过瘾”式消费等。有的人竭尽所有甚至远远超越其所有和所能去追求某种消费，仅仅是为了“面子”；有的人为了攀上某种消费“档次”，不顾一切，哪怕“过把瘾就死”也在所不惜，等等。大量事实无可辩驳地表明：物质生活消费作为人维护自己的肌体健康、发挥其体力、脑力功能以保证实现自己人生价值的一种手段，在消费享乐主义那里却化成人生的最高目的，人成了被动的、异化了的消费动物。消费活动与人的真正需要产生了严重的背离。

消费享乐主义之所以成为一种大众文化，大众媒介和广告起着十分恶劣的推波助澜的作用。“所有国家播放的广告和电影都对富有和权力进行了美化。消费可以带来美貌，让你活力四射，值得羡慕，为你带来幸福和个人自由。这些都是具有毁灭性的幻想。多数人将不可能过上奢侈的生活，这是因为地球上没有足够的资源维持我们现在的消耗水平，更不用说有足够的资源允许世界上的每个人都将其消耗殆尽。毕竟世界上还有超过一半的人口为每天不到 5 美元的生活费努力挣扎着；虽然他们有可能对消费型社会中充斥的五彩广告和梦想（或者说是愤怒）产生憧憬，但现实中，过富裕生活的向往对他们来讲实在是太渺茫了。”① 消费享乐主义不仅造成人与自然关系的冲突，而且导致人与人关系的紧张。“消费型文化的重心是拥有而不是付出，是所有关系而不是和谐的人际关系，注重外表而不是内心的健康。这些方面就引起了自私、竞争和危险，削弱了家庭

① 〔美〕格雷姆·泰勒：《地球危机》，赵娟译，海南出版社，2010，第 61 页。

成员之间的关系和个人与社区之间的关系。”[①]

反生态的消费方式在以美国为首的西方资本主义国家表现得最为充分。发达资本主义社会滋长的“消费越多越体面”的观念，不仅鼓励人们以贪得无厌的态度去消费资源、能源和商品，而且刺激人们尽可能多地把它们消耗和浪费掉。最近几十年来，购买和消费更多的物品，以满足不断膨胀的消费欲望，可以说成为西方工业化国家的人民超乎一切的目的。于是，“我们正陷于困境：更多的工作、更多的消费，及至对地球更多的损害”[②]。

如果从“能源消费强度及其消费方式所导致的环境损耗”或“生态足迹”的角度分析，一个美国人的环境影响相当于：70 个乌干达人或老挝人；或者 50 个孟加拉国人；或者 20 个印度人；或者 10 个中国人；或者 2 个日本人、英国人、法国人、瑞典人或澳大利亚人。

从这一点看，美国是世界上人口密度最大的国家。[③] 泰勒就指出，富裕国家和贫困国家之间在消费方面也存在巨大的差距。“并不是所有生活在地球上的人都消耗一样多的产品和服务，同时对环境造成的污染也是不尽相同：普通美国人在 2005 年日消费 101 美元，而他们有可能在 2050 年日消费 256 美元；普通莫桑比克人在 2005 年日消费 0.93 美元，到 2050 年时他们的消费有可能降至 0.21 美元。”[④] 因此，“如果所有人都像美国人一样生活，那么我们将需要四个地球以上的资源。因此，美国社会消费体系的全球化是不可能实现的。”[⑤]

在世界银行前高级经济学家赫曼·E. 戴利看来，人们“对待地球的方式从根本上就存在错误的认识，我们想当然地把它当作满足人类无尽欲望的庞大机器”[⑥]。但令人不安的是，当今之世，似乎有

① 〔美〕格雷姆·泰勒：《地球危机》，赵娟译，海南出版社，2010，第 63 页。

② 〔美〕艾伦·杜宁：《多少算够——消费社会与地球的未来》，毕聿译，吉林人民出版社，1997，第 6 页。

③ 参见 L. H. 牛顿、C. K. 迪林汉姆《分水岭：环境伦理学的 10 个案例》，吴晓东、翁端译，清华大学出版社，2005，第 35 页。

④ 〔美〕格雷姆·泰勒：《地球危机》，赵娟译，海南出版社，2010，第 9～10 页。

⑤ 〔美〕格雷姆·泰勒：《地球危机》，赵娟译，海南出版社，2010，第 17 页。

⑥ 转引自〔美〕格雷姆·泰勒《地球危机》，赵娟译，海南出版社，2010，第 3 页。

无数的人都向往美国，并企图过上美国人的生活方式，而一些美国人也真的把自己当成了“世界的警察”，并以本国的发展存在为当今世界各国是非成败的最高衡量标准。但上述资料充分说明：第一，以美国为首的少数发达国家，是全球生态危机的主要造成者。“当今世界上最大的污染者不是欠发达的南方国家，而是那些主导着不平等的全球体系的北方国家，该体系对资源开采、原材料和土地的利用有破坏性影响。当气候变暖时，忧思科学家联盟断然谴责道：‘若想减少在资源和全球环境方面的压力，发达国家必须大大缩减其过度消费。’环境破坏、气候变化加速和全球经济不平等之间，有着内在的联系”[①]。第二，美国等西方发达国家的高代价的生产方式、高代价的思维方式，特别是高代价的消费方式是破坏性的、反动的、不可持续的，已经对整个人类的生存和发展构成了极大威胁。因此，“向所有的人推广这种生活方式，只会加速整个生物圈的毁灭。全球环境不可能支持我们当中的 11 亿人像美国消费者那样生活，更何况 55 亿人或以后至少可达到的 80 亿的人口”[②]。

我们脚下的地球是一个“倾斜的星球”，当今世界是一个极度不公平的世界。这种不公平性在生态环境领域表现得十分明显。“全球政治经济中的生产、消费和金融网络仅仅服务于世界三分之一人口的利益，‘三分之二的人口（占富裕国家 20% 的底层人口和占贫穷国家 80% 的底层人口）要么被忽略、被边缘化，要么深受其害’。在此背景下，2005 年，全世界最富有的 20% 的人口消费了全部私人消费总额的 76.6%，而最贫困的 20% 的人口消费量只占全部私人消费总额的 1.5%。”[③]

当我们羡慕欧美国家的蓝天白云、优美环境的时候，殊不知，

① 〔英〕纳菲兹·摩萨迪克·艾哈迈德：《文明的危机》，谭春霞译，新华出版社，2012，第 124 页。

② 〔美〕艾伦·杜宁：《多少算够——消费社会与地球的未来》，毕聿译，吉林人民出版社，1997，第 8 页。

③ 〔英〕纳菲兹·摩萨迪克·艾哈迈德：《文明的危机》，谭春霞译，新华出版社，2012，第 124 页。

这在很大程度上是它们向第三世界国家尤其是中国长期倾倒垃圾的结果。因此，生态环境领域的不公平或不正义，还突出地表现为少数发达国家向发展中国家进行污染转移。

当今的国际社会，在经济、政治、文化甚至生态方面是分“圈层”（如核心国家和依附国家之分）和分“阶梯”的（如高端与低端之分）。而在垃圾处理这个工作上，中国近三十年来就一直处于垃圾回收或接收的最底层或最底端，而且是接收量最大的那一个。中国以往从国外进口的洋垃圾，每年在4000万吨左右。尤其是近十年来，我国平均每年进口固体废物规模超过5亿吨，成为世界上最大的固体废物进口国之一。其中，就塑料垃圾而言，自1992年有记录以来，我国在长达二十几年的时间里进口了全球72%的塑料垃圾。进入新时代的中国政府，为了中国人民的身体健康和中国经济社会的可持续发展，自2018年1月起，果断实行了进口“洋垃圾”的禁令。禁令一出，西方发达国家的垃圾堆积如山。在焦头烂额之际，它们的垃圾又流向了马来西亚、印度尼西亚、菲律宾、越南、印度、土耳其等发展中国家。事实上，一方面，欧美国家有当今世界最大的垃圾生产国和出口国，发达国家人口仅占全球人口的17%，其垃圾生产量却达到了惊人的34%，这也是许多社会学家将生产垃圾的数量视为衡量其社会繁荣程度的重要指标之一。这也就是说，欧美国家的蓝天白云、青山绿水以及所谓深入人心的环保理念，不过是向发展中国家特别是中国转移垃圾的结果。而另一方面，中国在刚刚提出“洋垃圾”禁令时，就招致了一些欧美国家的反对。当中国禁止进口“洋垃圾”之后，那些平时天天把环保及人权挂在嘴边的所谓先进国家都立马变了脸。美国有官员更蛮横表示，对中国决定停止接收“洋垃圾”表示“关切”，中国限制进口可再利用商品“严重干扰了全球废旧物资供应链”，“要求”中方立即停止实施有关措施。这种具有明显自我中心性的“环境侵略”或“环境霸权”，其实暴露了它们的虚伪性和双面性，这与环境正义相去甚远。

第四节　由奢侈型的高消费向绿色消费转变是实施可持续发展的必然要求

我们再也不能把脚下的这颗小行星当作可以为人类提供各种资源，对人的每一种需求都慷慨给予而没有极限的母亲了。“我们无法忘记我们的生存条件：我们可以到达的世界是极小的，我们是‘囚徒’。”① 在茫茫的宇宙中，我们所拥有的地球是独一无二的，因为迄今所知只有这个蓝色的星球上存在生命和人类文明。人类的出现，使得地球的演化进入“人世界”，也使得宇宙苍穹有了观测者、研究者，使得浩渺无垠的宇宙星空充满智慧生物的思维和文明之光。这是宇宙的幸运！地球的独特性还在于，它诞生生命的条件是极其苛刻的——只有在一系列极其偶然的情况下才导致生命和人类的出现；它支持生命特别是人类文明的演进是极其有限和困难的——这个“小小寰球”，其表面总面积为 5.1 亿平方公里。其中，陆地 1.49 亿平方公里，约占 29%。陆地中，覆冰区和山脉又占据了大部分面积，耕地只占陆地的 1/3 左右。可见，我们脚下的这颗星球是一颗具有有限空间、有限资源的星体，它的支付能力和承受能力是有限的。

要想使人类在事实上不存在发展的“极限性”，要想破解由奢侈型的高消费等所促成的日益严重的生态危机难题并进而真正有效地建构起人与自然生命共同体和实施低代价发展，就必须从现在开始认真节制自己的所作所为，其中就包括对人的消费行为的约束。随着社会生产的不断进步，人们的消费需求由低档次向高档次递进，由简单稳定向复杂多变发展，这种消费需求上的变化从一个侧面反映了经济社会的进步状态。但我们不能不看到，消费需求的无限制跃进所造成的不合理消费行为，已经给资源环境带来了越来越大的冲击和压力，使本已脆弱的生态系统不堪重负。因此，为了人类的

---

① 〔法〕阿尔贝·雅卡尔：《“有限世界”时代的来临》，刘伟译，广西师范大学出版社，2004，第 3 页。

持续生存和发展，我们必须在人类命运共同体和人与自然生命共同体正在建构的时代背景下，设法使自己的消费行为表现出有利于环境和资源保护、有利于人的物质和精神平衡发展的低代价的根本要求。而当人们的消费行为具有了保护环境、平衡人的物质和精神关系并能促进社会的可持续发展的作用和性质时，这种消费其实就是一种具有低代价的绿色消费或生态消费。

在一定意义上，绿色消费也叫适度消费。我们把经过理性选择的、与一定的物质生产和生态生产相适应的消费规模与消费水平所决定的，并能充分保证一定生活质量的消费叫作适度消费。此外，绿色消费还具有持续性、全面性、精神消费第一性等特征。作为一种具有持续性的消费模式，绿色消费具有满足不同时代人的消费需求的功能。全面性是指绿色消费是一种能满足人的多方面消费需求的消费模式，如物质需求、精神需求、政治需求、生态需求等。所谓精神消费第一性是指低代价消费突出人的精神心理方面的需要，这与传统的高消费一味追求人的物质方面的需要有了明显的区别。当然，我们“强调节俭和简单生活的环境伦理，并不意味着要节制快乐，而意味着，它所珍视的快乐不是来自大量的消费。相反，快乐来自温暖的人际关系和性关系，来自与孩子和朋友的亲密相处，来自对话，来自与环境和谐一致而不是破坏环境的运动和娱乐；来自不是靠剥夺有知觉生物得来的、让地球付出昂贵代价的食物”①。

改革开放以来，在我国的社会生活中出现了三点突出的变化：其一，人们可以正大光明地讲利、逐利了，人们普遍把“恭喜发财”或“升官发财”之类的祝福语挂在嘴边，就充分说明了这一点。其二，越来越多的人被利所“激活”从而成为张扬着自我本质力量的“主体人”或“利益人”，人们做着“发财梦”，干着发财事。功利不可怕，可怕的是“急功近利”，即整个社会，从上到下普遍把功利在时空上高度“压缩”：在时间上只看到眼前利益而忽视了长远利

① 〔美〕彼得·辛格：《实践伦理学》，刘莘译，东方出版社，2005，第283页。

益，在空间上只看到了自我利益而忽视了他我和社会的利益。其三，当我们在物质上一天天富有起来的时候，却不幸步入高消费的误区，致使消费享乐主义在我国大盛其行。且不说国人食山珍海味、吃珍禽异兽这种传统的消费陋习，仅近些年来一些暴富起来的人在消费上的挥霍和奢华，就足以令人感到触目惊心和悲哀了。我国还是一个地地道道的发展中国家，但100多万元的劳力士手表，30万元的卡地亚胸针，500万元的钻石……林林总总的国外奢侈品越来越多、越来越快地进入中国市场。像奔驰、宝马、林肯、凯迪拉克这些豪华汽车已不再让中国人激动了，全球最顶尖的三大超豪华车品牌——迈巴赫、宾利和劳斯莱斯开始悉数登陆中国，淘金中国。另外，专门就吃而言，在某种意义上说，在消费活动中，中国人的饮食消费方式可能是世界上最具浪费性和污染性的消费方式之一了。先看浪费性，我们总是嘲笑西方一些国家的饭食难吃，其实，西方发达国家的饭食简单而有营养，如一份三明治和一杯咖啡就能解决午饭或晚饭的问题，而唯独中国人的吃饭相当复杂和麻烦，不但样数多，而且还力图搞得色香味俱全。但在后温饱时代，又有多少人会吃多少呢？结果就造成巨量的浪费。看看我们在餐桌上都剩下了多少饭菜，就知道问题有多严重了。据悉，中国餐饮业每年浪费的食物够2亿人吃一年，仅北京每天产生的生活垃圾就达1.8万吨，这些数字真是触目惊心！因此，在改革开放的新时代，中国人在饮食上也应当向西方学习，努力做到简单一点，有营养一点。再看污染性，据《新京报》2013年10月14日的报道，经过现场实验，结果显示，中国式烹饪确实能产生PM2.5，如在油炸、炒菜时，PM2.5浓度则迅速飙升8倍到20倍，达到严重污染甚至爆表的级别，其中炒菜产生的PM2.5最多，5分钟内PM2.5浓度就从开始时的38$\mu g/m^3$增加到了787$\mu g/m^3$。可见，中国式饮食消费活动，从制作方式到人们的消费过程，都存在明显的浪费、污染等特征，这和生态文明是背道而驰的。因此，为了建设生态文明，在适度发展方面的一个重要做法，就是要改革我们的饮食结构和制作方式，使其朝着既有营养又健康的方向发展。

这些年来，随着电子物流的迅猛发展，外卖、快递已经成为我国国民生活的重要组成部分。中国外卖大数据显示，外卖就餐成为许多人的常规方式。每周最少有 4 亿份外卖飞驰在中国的大街小巷，至少产生 4 亿个一次性打包盒和 4 亿个塑料袋，以及 4 亿份一次性餐具的废弃。这些外卖，它们经过选材、制作、打包、派送之后来到人们的手上，吃完，几个塑料盒，几个塑料袋，还有一次性筷子、吸管，可能还有饭后烟的烟蒂，连同吃剩下的食物一起被扔在小区楼下的垃圾桶里。以外卖所使用的塑料袋为例，一个塑料袋的平均使用时间大约为 25 分钟。但是每一个塑料袋的降解至少需要 470 年。每年世界约有 800 万吨的塑料倾倒入海洋，中国的塑料倾倒量大致占到世界的 1/3，位居全世界第一。这些被丢弃的塑料袋或其他塑料制品，最终都会以“塑料微粒”的形式进入人的体内。2015 年 10 月 29 日，美国权威科普杂志《科学美国人》（*Scientific American*）发布了一份关于中国食盐的调查报告。报告显示，从中国各地所购的 15 个品牌的普通食盐中，都发现了用于生产塑料瓶的聚苯二甲酸乙二醇酯、聚乙烯，以及玻璃纸和其他多种塑料。海盐被塑料污染的程度最高。每磅（453g）中所含的塑料颗粒为 1200 余粒。盐矿食盐的塑料微粒虽略低，但也达 800 粒。这些就是外卖等所造成的生态浩劫及其给人自身所带来的伤害。总之，我们怎样对待生态环境，生态环境最终就会怎样对待我们，这是一种不以人的意志为转移的铁的规律。

“生态环境问题，归根到底是资源过度开发、粗放利用、奢侈消费造成的。资源开发利用既要支撑当代人过上幸福生活，也要为子孙后代留下生存根基。”[①] 进入新时代的中国，必须通过倡导绿色消费等做法来推进可持续发展。在中国，大力提倡，构建人与自然生命共同体，完全是国情使然。一方面，我国的人口在不断增长、人们的生活水平在不断提升，即越来越多的人已经或打算过上越来越

① 《习近平谈治国理政》第 2 卷，外文出版社，2017，第 396 页。

好的生活，由此导致日益增大的消费压力；另一方面，我国的生态环境功能在总体上呈现出日趋疲软、恶化的态势，由此造成日益突出的人与自然的矛盾。人民群众日益增长的美好生活需要和不平衡不充分发展之间的矛盾是新时代我国社会的主要矛盾，这一矛盾是推动新时代我国经济社会发展的主要动力。要解决这一矛盾，一方面要设法解决我国发展中所存在的不平衡不充分这“两不”问题；另一方面，还要通过保护环境、倡导绿色消费等的做法支撑起我们的美好生活，使我们的美好生活建立在人与自然生命共同体的基础之上。其中，务必要约束和限制在当今我国社会生活中日益盛行的不合理的、病态的消费行为，如奢侈性消费、炫耀性消费等。近 14 亿中国人生活在“地大物薄”的国土上，脆弱的资源环境只能满足我们基本的需求，而绝不能任由一些人大手大脚、铺张浪费、暴殄天物。我国既是一个大国，更是一个“穷国”。这种“穷”，既表现在物质生产方面，更表现在生态生产方面。虽然三十多年的现代化建设使我们日渐摆脱了物质方面的贫穷，但我们现在正被另一种“贫穷”所困扰，这就是生态之穷、资源之穷，这种“生态贫穷”更严重、更致命！目前，我们面临“资源约束趋紧、环境污染严重、生态系统退化的严峻形势”①。或者说，“当前人口、资源和环境面临的严峻形势，构成了我国的‘极限困境’问题”②。而我们的脚下的资源环境既属于今天我们这一代人，还属于子孙后代，我们不可能把有限的资源环境在一两代人的手上消耗破坏殆尽。尽管“目前的消费社会就像一个吸毒成瘾的人，无论感到多么痛苦，要想摆脱它却极其困难”③，但针对当今中国的现实，倡导绿色消费实在很有

① 胡锦涛：《坚定不移沿着中国特色社会主义道路前进　为全面建成小康社会而奋斗——在中国共产党第十八次全国代表大会上的报告》，人民出版社，2012，第 39 页。

② 欧阳康等：《中国道路——思想前提、价值意蕴与方法论反思》，中国社会科学出版社，2013，第 99 页。

③ 〔英〕E. F. 舒马赫：《小的是美好的》，虞鸿钧、郑关林译，商务印书馆，1984，第 103 页。

必要，它是中国社会全面协调可持续发展的必然要求。

在今天的中国，如何才能做到绿色消费呢？做法当然很多，但以下两点则是必须认真对待的。第一，树立绿色的消费观念，建立绿色的消费模式，从物质享受第一逐步过渡到精神追求第一。树立绿色的消费观念或意识，是在构建人与自然生命共同体时代背景下每一位国人所应有的素质要求。习近平总书记指出："像保护眼睛一样保护生态环境，像对待生命一样对待生态环境。"[①] 为此要"倡导简约适度、绿色低碳的生活方式，反对奢侈浪费和不合理消费"[②]。培养和确立国人的绿色消费意识应强化到如此程度：有害于生态环境的产品、食品不购买、不食用；对"杀食"国家明令保护的珍禽益鸟的做法应设法制止。只有把保护环境的工作落实到我们每个人的日常生活中，实现低代价发展才会有真正的希望。

实践路径的推进必须伴随观念上的变化，如确立适度发展的意识、转变政绩观等等。但在一个急功近利、拜金主义盛行或猖獗的时代背景下，要想实行适度发展，让人们放慢发财的脚步并告别高消费，则存在极大的观念障碍。因此，观念上的变化，一个根本的切入点，就是要设法淡化或消除唯物质主义的思想观念。当今世界，人们普遍选择了一条唯物质主义的发展道路。"在现代世界，生产表现为人的目的，而财富则表现为生产的目的。"[③] 受此观念的影响，人们"宁可坐在宝马车里哭，也不愿坐在自行车后面笑"。事实上，恩格斯早就对社会生活中的"唯经济论"进行了辩证的分析和批判，指出："根据唯物史观，历史过程中的决定性因素归根到底是现实生活的生产和再生产。无论马克思或我都从来没有肯定过比这更多的东西。如果有人在这里加以歪曲，说经济因素是唯一决定性的因素，那么他就是把这个命题变成毫无内容的、抽象的、荒诞无稽的空话。"[④]

---

① 《习近平谈治国理政》第 2 卷，外文出版社，2017，第 395 页。

② 习近平：《决胜全面建成小康社会，夺取新时代中国特色社会主义伟大胜利》，人民出版社，2017，第 51 页。

③ 《马克思恩格斯文集》第 8 卷，人民出版社，2009，第 137 页。

④ 《马克思恩格斯文集》第 10 卷，人民出版社，2009，第 591 页。

恩格斯的论断为我们今天扬弃物本论的发展模式提供了重要的理论支持。

21 世纪的社会是知识经济的社会，知识经济社会是对工业经济社会的扬弃。在工业经济社会，人类普遍被一种物质享乐主义的价值观所支配，追求的是尽可能多的物质财富和尽可能奢华的物质生活，奉行的是物质享受第一的行为准则。显然，这样一种价值观念和行动准则，只能把人类推向无序和崩溃的深渊。在逐步到来的知识经济社会里，知识、智力、信息等，将是经济社会发展所依赖的最为重要的资源，知识化的劳动者也将是推动经济社会发展的主力军。这样一种基本的社会现实，将迫使人们在生活追求上，由物质占有第一向精神追求第一过渡。通过学习、娱乐、文化交往等方式以美化自己的人生、充实自己的生活，这将是 21 世纪人们新的生活风尚。

第二，要建立一种绿色消费的社会机制。在现实生活中，虽然居民的消费行为主要受其个人的收入情况、外在价格因素、商品因素等的制约，而较少或很少受环境资源状况的制约。但为了把全体国民的消费水平和消费规模纳入适度的、生态化的低代价消费的轨道，还必须建立起一种相应的社会机制。其中的一些做法有：通过制定相关的法规以保护各种珍稀动物，严厉打击“杀食”珍稀动物的不法行为。特别是要对奢侈品实施高额消费税。目前我国的税目设置并不合理，因为含有炫耀性色彩的商品并没有被纳入税目。因此，有必要对税目进行有增有减的调整，将普通消费品逐步从税目中剔除，将一些高档消费品纳入消费税征收范围，适当扩大税基，如要对购置豪华住宅、名牌轿车等高消费征收特别消费税。由于消费税有增强国家宏观调控能力、缓解社会分配不公等作用，所以需要迫切施行。还要制定回收方面的法规，当产品的生命周期结束时，可要求公司“回收”产品，以代替以前经常使用的掩埋法和焚烧法。对使用过的产品进行回收已为世界上越来越多的政府所采纳。另外，在制造产品时，要通过寻求减少所需原材料的办法，让产品更耐久，更容易维护和升级，这样可以节约资源，减少污染。

第十一章
矫正社会激励机制与可持续发展

构建人与自然生命共同体、实施可持续发展是为了解决中国的发展问题，特别是生态环境方面的问题。而在造成我国发展问题的复杂原因中，有两种原因应予以特别注意：一是价值观念的原因——主要是人们在现实生活中普遍采取了一种个人利益最大化的价值取向；二是现实机制的原因——社会激励机制发生了失范或扭曲。在这两种原因中，价值观念的原因是一种较为深层次的原因，但由于价值观念毕竟是第二位的东西，所以，它一般是通过现实机制才发挥其对发展问题的催生或消解作用的。也就是说，错误的价值观念和扭曲了的激励机制一起，真正导致社会问题大面积的滋生蔓延。当然，从某种意义上说，现实机制的原因还是首要的。因为即使存在一种不合理的、有害的价值观念，但如果在现实中存在一种科学合理的激励机制，就会阻遏其现实化，减弱其社会危害性；但如果激励机制也被扭曲并呼应了不合理的价值观念，就加剧或促进了众多社会问题包括生态环境问题的发生。因此，要想解决当前我国社会发展中所面临的一系列问题，优化人与自然的关系，实施可持续发展，一个非常重要的切入点就是要矫正或重建当今我国的社会激励机制。

第一节　激励、社会激励和负向社会激励

“激励”一词含有激发动机、鼓励行为、形成动力的意思。如在

《六韬·王翼》中“主扬威武，激励三军”，在司马迁所著的《史记·范雎蔡泽列传》中“欲以激励应侯”等句中的“激励”一词都含有激发鼓励、使人振作之意。从心理学的角度讲，激励就是在外部某种刺激因素的影响下，使人产生一股内在的动力，朝着所期望的目标奋斗进取的心理活动过程。

一 社会激励发生的原因和机理

本书所说的激励范畴是指一般的社会性激励。所谓社会激励，是指社会或社会组织通过科学而合理的方法来激发社会成员的动机，开发社会成员的能力，充分调动社会成员的积极性和创造性，使他们所追求的行为目标与整个社会或社会组织的大目标调谐一致的过程。

心理学研究表明，人的一切行为都是受激励而产生的。激励是打开人们心扉的钥匙，是启动人们行为的键钮。每个人不仅需要自我激励，而且需要来自社会成员或集体成员的相互激励，需要社会组织的激励。“我们每天，在许多场合，都会接触到‘激励’这个词。可我们有机会去体验激励的作用吗？其实我们更经常地是受‘被激励’的影响。结果是被激励的人要比激励别人的人多得多。”[①]从某种意义上说，激励和被激励是人的一种特性。何以如此认为？众所周知，人“是只有在社会中才能独立的动物”[②]，或“人天生就是社会的”[③]。人的社会性，表明了人与人之间必须以激励竞争的方式，相互激发和促进，才能在改造自然和社会的实践中不断取得进步，不断促进人自身的全面发展。

从发生学的角度考察，激励是这样发生的：处在特定社会时空中的、具有某种联系的群体，组成该群体的个体之间在一定条件下

---

① 〔德〕尼古劳斯·B. 恩克尔曼：《激励的哲学》，王国栋译，国际文化出版公司，2000，第 60 页。

② 《马克思恩格斯选集》第 2 卷，人民出版社，2012，第 684 页。

③ 《马克思恩格斯文集》第 1 卷，人民出版社，2009，第 335 页。

存在某种暂时的平衡性，在这种暂时的平衡状态下，大家都相安无事。但由于不同的个体之间存在种种差异，而差异的显化或露头或出现则一定会打破原来的平衡状态，从而造成激励效应。例如，在一个集体里，如果大家都处于一种均贫状态，往往会相安无事，大家可能都会“安贫乐道”。但如果其中有某一个人突然暴富了起来，这时差异就出现或显化了，平衡也就被打破，于是随即会发生激励现象——集体中的一些人就会向这个暴富起来的人学习，从而产生一种追赶效应。当然，当平衡被打破后，在激励的范畴内，除了追赶效应外，还存在一种“绊脚石”效应，即集体内有些因种种原因还一时无法富起来的人，可能会对率先富起来的人制造障碍，即暗中“使绊子”，企图把已经富起来的人拉回到和大家一样的均贫状态。上述是发生于个体之间的激励效应。其实，在群体之间也有相同的激励机理。例如，当中国通过改革开放而在总体上富强起来之后，至少对周边一些国家就产生了强烈的刺激效应，如越南、印度等国就效仿学习中国而努力发展自己。但也有一些国家在“眼红”或“不安”心理的驱使下给中国的发展“使绊子”，如日本一些政界人士或势力就制造“中国威胁论”，给中国的发展“抹黑”；美国等一些西方国家则使用“攻心”等手段企图西化或分化中国，以阻碍中国的发展。

从激励发生的机理来看，一个人的所作所为总要产生一定的社会影响或社会效应，即激发其他社会成员要么与自己确立同样的价值观念和行为目标，要么与自己选取相同的行为方式或行为手段等。在一定的外部约束条件包括激励机制的作用下，人的理性行为一般可分为四种：一是既有利于个人也有利于社会；二是只有利于个人，但不利于别人或社会；三是既不利于个人也不利于社会；四是不利于个人但有利于社会。人们能确立怎样的价值目标和进行怎样的行为选择在很大程度上取决于制度环境和激励机制的作用。激励及其形式有多种划分，如从手段上讲有物质激励和精神激励，从激励发生的状态上看有自觉激励和自发激励，从激励的作用方向上分析有正向激励和负向激励等。如果一个社会的激励机制能将人们的价值追求和行为目标向着利己和利他相统一的方向导引，使人确立和采取了一种为社会所需要和提倡的价值观念和行为方式，那么，这种社会激励机制就是正向的或良性的，是有利于社会的健康发展的。例如，某一社会主体的合理的、正确的行为如果得到了社会上的普遍肯定和赞扬，首先会使行为者坚信自己行为的正确性、合理性，使其重复发生或频繁发生相同的行为，这是一种正向的“个体激励”；其次会激发和引导周围更多的人效仿学习，进而形成一种较为普遍的社会现象，这是一种正向的“社会激励”。相反，如果一个社会的激励机制只是激发引导人们追求个人的、眼前的利益，而忽视了社会的、长远的利益，使人确立和采取了一种为社会所不相容的价值观念和行为方式，那么就会导致诸多社会关系的严重失调，就会滋生出一系列社会问题。而一种不合理的、错误的行为如果没有及时有效地予以克服或纠正，首先会使行为者本人受到“鼓舞”，使其在错误的道路上继续走下去，这是一种负向的“个体激励”；其次会诱导更多的人效仿，进而形成一种较为普遍的社会现象，这就是一种负向的“社会激励”。

二　负向激励机制的含义和特点

当前，在我国社会层面之所以会产生一系列不利于全面协调可持续发展的问题如诚信问题、腐败问题、人对生态环境的污染破坏等等，一个非常重要的现实原因就是错误的、不合理的行为没有得到及时有效的制止，而一些正确的、合理的行为又没有给予及时有力的倡导与支持，结果就产生了一种泛化的负向“激励效应”。本书所说的负向激励，就是指因受他人不良行为及其结果的消极影响，一些社会成员或主体单位也自发地采取了类似的价值取向和行为方式，从而导致一种带有普遍性的社会问题或不良现象的发生。而当激励机制将人们的行为取向导向了对自我利益最大化追求的轨道，从而损害了社会的、长远的利益时，这样的激励机制就出现了失范或扭曲。

失范的激励机制主要有这样一些特点：其一，自发性。即这种激励活动和诸如管理领域的激励活动不同，它不是由社会或社会的某一组织积极主动实施的，而是受个人或某一组织单位不良行为的影响自发形成的，换言之，是自发地发生于社会生活中的一种激励行为。其二，通过后果来施加影响。即这种激励机制一般是通过不良行为的现实结果或后果来实施影响的。当这种结果或后果发生后而没有受到社会的谴责和制裁时，它的负向激励效应就渐渐产生了。其三，激励效果的反社会性。在追求的目标上，自觉的正向激励是把社会的目标变成社会成员的个人目标，或通过这种激励使个人的价值追求尽可能符合社会的整体价值要求，体现了个人发展与社会发展的一致性；而负向激励则把个人的价值目标和社会的整体价值目标对立了起来，把人们的行为追求自发地引导到仅对个人或单位有利而对社会或他人不利的方向上去了，造成受益主体和受损主体的相互背离。

第二节　负向激励机制的危害性及其失范的原因

当前，中国特色社会主义事业进入了新时代，世界也处于百年未有之大变局中。在这样一种复杂多变、潜在风险和不确定性增多的时代背景下，伴随着改革开放以来我国社会“转型期”的“惯性”作用，我国在由富起来向强起来迈进的过程中，出现这样那样的问题或一定的“阵痛”是必然的，而激励机制的失范或扭曲可能就属于“阵痛”之一。

一　负向激励机制的表现和危害性

激励机制的扭曲所造成的负效应已鲜明地体现在了社会的许多领域。在政治领域：一些领导干部大演“双面人生”的闹剧。他们表面上道貌岸然，俨然谦谦君子，其实在制度的漏洞下已经腐化变质，站到了人民的对立面，干着践踏党纪国法、违背道德人伦的丑事、恶事，表明他们既无人性更无党性。而有些在官场上为非作歹的人，却能屡屡高升，即“犯案在前，提拔在后”，这种奇怪的现象就产生了典型的负面激励效应，使以权谋私的现象在更大的范围内蔓延开来。事实上，腐败行为的“窝案现象”更能说明负向激励的消极作用。在一个单位或部门中，如果某一实权人物大搞以权谋私而不被有效制止的话，往往会使身边或手下的人或与之斗争，对其举报揭发，或失望不满、牢骚满腹，而那些同样掌握着种种权势的人则有可能“跟进”与之“看齐”，于是就会出现“上行下效”“上梁不正下梁歪”的“窝案”现象。在经济领域：假冒伪劣商品大面积出现，坑蒙拐骗、以次充好、制假贩假等现象屡见不鲜，特别是食品安全问题日趋严重。这些造假者、拐骗者甚至食品“投毒者”非但没有受到制裁，反而因为“有本事”“会经营”而率先致富或在短期内“暴富”，于是更多的人纷纷“跟上”，渐渐形成了一种屡打不绝、屡禁不止的普遍现象。还有，诸如假文凭、假先进、假广告、假履历现象，见义勇为或助人为乐者陷入尴尬甚至困境的现象也在我们身边经常出现。在社会生活中，如果说谎献媚能使人飞黄腾达，正直诚信却使人吃亏遭殃，就会产生一种极不好的负向“示范效应”，致使人人说谎，个个欺瞒，尔虞我诈，互不诚实。

激励机制的失范或扭曲所造成的严重后果不仅体现在现实层面上，还反映在了人们的心理层面上，这就是人们对社会公道的怀疑和社会焦虑感的滋生，这也是诸如“三信”（诚信、信仰、信心）等问题发生的重要原因。而这种心理观念上的不良后果则更为可怕和严重。

在当今我国的社会转型期，计划与市场的并存、多种垄断因素和社会二元结构的存在，特别是权力的嚣张、资本的猖獗，导致人们在社会中的受益，更多取决于行业、部门、地域和其他一些不合理的因素。受益的起点、规则和结果等方面的不平等特别是激励机制的失范，让不少民众觉得社会有失公道。同时，当人们自觉或不自觉地将自己的所得或所失与周围的人相比较时，贫富差距的巨大，成本分摊的不均给了弱势群体一种强烈的相对被剥夺感。对于最需要保障和援助的贫困阶层来说，社会保障制度的不健全、社会救助的乏力都使得他们对于生存问题产生严重的压迫感、危机感。一旦满怀社会焦虑感的群体将自己与特权阶层和通过非法途径而暴富的人群进行比较时，就会对社会的“公理”“正义”——这是维系人心、激励人们奋发向上、推动社会前进的基本的精神要素——产生怀疑，从而丧失对社会的认同感和信任感，也容易使得他们把自己生活的贫困或不如意、社会地位的低下等归咎于社会改革，进而对现状萌生不满乃至敌视情绪，甚至出现过激的行为。

在社会主义初级阶段，社会成员之间在收入分配上存在一定程度的差距，对整个社会的发展进步来说，是难以避免的，或者说，一定程度的差距是一种合理的、必要的代价现象。但是，如果差距不断扩大，并对此漠然视之，特别是如果此种差距是通过损害大多数人的利益而生成的，就会造成“金钱至上”“金钱万能”的社会思潮的生成，乃至诱发“不择手段”的非法和非道德的行为与行业效应。而当整个社会所充满的只是特权阶层和违法乱纪的人才能致富和提升自己的社会地位的示范或样板时——这样一种严重扭曲的社会激励机制就从根本上丧失了其鼓舞人们奋发图强、勤劳致富的功能，导致相当多的国民对财富的过度崇拜，盲目引导和鼓励人们不再通过诚实劳动，而是通过不择手段达到“发家致富”的目的。于是，社会生活中，拜金主义、自我中心主义大行其道；于是，人格分裂、心理畸变、行为失序、道德滑坡、诚信缺失；于是，有人发出了“中国大地，人心为什么散了”的惊问。在一个以自我中心主义为主导的社会中，个人利益本身有着明显的乘数效应和加速效应。一旦初始时的合作诚意遭到欺骗且不被制裁，人们就会很快改变看法和做法。这样，在别人这样做而你不这样做则必败无疑的压力下，“你坏，我比你更坏”便会成为注定的选择。在人人都争着比别人更是“小人”的利益博弈中，贪污腐败、假冒伪劣、造假“投毒”等恶行必然会导致严重的利益失衡和进一步的负向激励。于是，大面积、多领域的社会问题的滋生和蔓延就不足为奇了。

二　激励机制发生失范的原因

激励机制之所以发生失范或扭曲，主要有这样两个方面的原因：第一，价值观念的错位和紊乱，这是激励机制发生扭曲的思想根源。传统观念受到冲击，而新的观念又没有及时建立并有效发挥作用，致使人们对一些行为产生了不合理的“宽容”态度，如对“小偷小摸”“大吃大喝”“包二奶”“婚外情”之类的行为采取视而不见、宽容忍让的态度，这就在某种程度上助长了上述行为的发生和蔓延。过去是“老鼠过街，人人喊打”，现在则是“老鼠过街，人人不理”，于是“老鼠们”就更加横行无忌了。价值观念错位的核心内容就是人们在现实生活中采取了一种个人利益最大化的价值观念，这就为激励机制的失范提供了观念基础。激励机制被扭曲的一个最明显、最直接的表现就是在将“自我”利益和“他我”利益、个人利益与社会利益相分裂并对立起来的情况下，把人们的价值追求引向了对自我利益特别是对自我眼前的物质利益的绝对的、极端的追求上。这种对自我利益的极端追求又具体表现为逐利观念的失误、逐利手段的不当以及逐利结果的有害三个方面。第二，管理机制的软弱和不健全，对社会生活中人们违规、违约、违法行为的约束缺乏刚性是激励机制失范的直接的现实原因。对于错误的、不合理的行为，由于社会管理机制的软弱或无效化，特别是有法不依、执法不严的现实，似乎容忍了错误或不合理行为的存在。在我国，经济活动中对交易主体的约束特别是对那些违规者的制度约束缺乏刚性，致使我们的法院在对有关债务纠纷的案件进行判案后，其处罚措施难以执行，以至于一些人都不相信法院了。现在，我们的制度环境似乎可以归纳为：违约的人无所谓，违规的人受不到惩罚，违约了还可以照样高消费，依然逍遥自在。用经济学家的话说，就是违约不讲信用行为的收益大于守约、讲信用行为的收益。这样一种现象，必将不断激励更多的人都不守信用，都去违约。

第三节　矫正激励机制的思路和对策

矫正激励机制，或者说构建一种科学合理的并具有广泛社会正效应的激励机制的目的，就是要在营造一种积极向上、高尚良好的社会风气的前提下，将社会成员的价值追求和行为方式引导到对社会、对他人都有益的良性轨道上来，即要使社会成员通过追求个人利益的最大化最终导致社会利益的最大化。而要想实现个人追求和社会追求的一致性、互利性，从激励机制的角度讲，主要的对策就是要构建一种“行为归化制度”。

一　构建“行为归化制度”

制度是指一系列被制定出来的约束规则，它旨在约束追求自我福利或效用最大化的个人行为。“行为归化是对激励客体违反行为规范的事前预防和事后处理。所谓事前预防，是指事先告诉激励对象若不按规定行事可能带来的不愉快后果，对不规范行为事先起到抑制作用；事后处理是以惩罚和教育相结合的方式，一方面让当事人对不合要求的行为承担后果，另一方面则要通过教育培训的方式加强激励对象对行为规范的认识和提高行为能力。”①

如果进一步分析，“行为归化制度”实际上包含对社会成员的自律和他律两方面的内容。由于人的行为总是在一定的思想观念的支配下发生的，因而，要想实现社会成员言行的自律性，关键是要对社会成员进行科学的世界观、人生观和价值观以及遵守社会规范等的教育。

加强教育是端正激励机制的首要一环。这里所说的教育主要是指科学的世界观、人生观和价值观等的教育。世界观是一个人行为

---

① 刘正周、凌亚：《管理激励与激励机制》，《昆明理工大学学报》1996 年第 5 期。

举止的最高调节器，影响着人们的整个精神面貌。习近平总书记在党的十九大报告中指出："中国共产党一经成立，就把实现共产主义作为党的最高理想和最终目标。"[①] "要把坚定理想信念作为党的思想建设的首要任务，教育引导全党牢记党的宗旨，挺起共产党人的精神脊梁，解决好世界观、人生观、价值观这个'总开关'问题，自觉做共产主义远大理想和中国特色社会主义共同理想的坚定信仰者和忠实实践者。"[②] 当然，人们在接受外界客观的刺激时，并非机械地做出同一反应。这正如马克思在其《青年在选择职业时的考虑》一文中所说的，"人们只有为同时代人的完美、为他们的幸福而工作，才能使自己也达到完美"[③]。但"如果一个人只为自己劳动，他也许能够成为著名学者、大哲人、卓越诗人，然而他永远不能成为完美无疵的伟大人物"[④]。可见，由于人的世界观、人生观不同，同样的刺激和需要所引发的行为有很大差异，所达到的境界也有高下优劣之分。例如，如果出现了儿童不慎落水的情况，有的人会奋不顾身尽力施救，有的人则可能徘徊观望、举步不前，也有人乘机向家长讨要报酬才肯出手相救。再比如，在地震来临、地动山摇的生死关头，有的老师竟然置学生于不顾而抱头自逃，甚至事后到处炫耀并对自己的这种"自救"行为十分得意；而有的老师则舍生忘死，先学生后自己，忠实地履行了一名光荣的人民教师的应有职责。出现这些情况的一个重要原因就是人们拥有不同的世界观及人生观。所以，我们要教育每一位具有健全心智的社会成员树立科学的世界观、人生观，具有正确的生活目的，健康的利益追求。就价值观而言，不同的人其价值观念不同，行为目标也不同。有的人追求社会美誉度，有的人追求名利，也有的人则重视情感因素。同样的诱因

---

① 习近平：《决胜全面建成小康社会，夺取新时代中国特色社会主义伟大胜利》，人民出版社，2017，第13页。

② 习近平：《决胜全面建成小康社会，夺取新时代中国特色社会主义伟大胜利》，人民出版社，2017，第63页。

③ 《马克思恩格斯全集》第40卷，人民出版社，2016，第7页。

④ 《马克思恩格斯全集》第40卷，人民出版社，2016，第7页。

在不同人的心目中价值大小不一。如果我们教育人们重视精神追求和社会声誉，重视人际和谐，而将权势、名利等看得淡漠一点，就会大大动摇激励机制失范的观念基础。总之，我们应该记取恩格斯的说法："如果一个人只同自己打交道，他追求幸福的欲望只有在非常罕见的情况下才能得到满足，而且决不会对己对人都有利。"①

二　社会环境对社会成员的"强化"机制

作为一个社会关系中的人，人的"他律"是通过来自社会的强化作用而实现的。我们知道，人与外部环境（自然环境和社会环境）相互依存、相互作用，密不可分。美国心理学家斯金纳就认为，无论是人还是动物，为了达到某种目的，都会采取一定的行为，这种行为将作用于环境，同样环境也作用于人及其行为。从社会管理学的角度分析，当社会成员的行为方式和行为结果既对个人有利又对社会有利时，就会受到社会的肯定和奖赏，于是这种行为就会重复出现；当社会成员的行为方式和行为结果只对个人有利而对社会不利时，就会受到社会的否定和制裁，于是这种行为就会减弱或消失。这就是社会环境对社会成员的行为强化的结果。我们根据强化的性质和目的可将强化分为正强化和负强化。在社会管理上，正强化就是通过奖励那些为社会所需要的行为或既对个人有利又对社会有利的行为，从而加强这种行为；负强化就是通过惩罚那些为社会所不相容的行为或只对个人有利而对社会不利的行为，从而削弱这种行为。根据社会管理的正强化理论，我们应该大力弘扬社会正气，营造一种积极向上、高尚良好、人人相互为善的社会风气。具体说，要通过荣誉激励法，对那些为社会做出贡献者给予相应的荣誉称号和奖励，这样既可以使荣誉获得者心安理得、理直气壮，使其正确的思想和行为得以巩固和发扬光大，又可以为其他人树立学习的榜样和奋斗的目标；还要通过榜样激励法，以富有情感并具有较大社

① 《马克思恩格斯文集》第4卷，人民出版社，2009，第292页。

会影响力的楷模人物的行为来激发鼓励其他社会成员，从而达到引导和规范社会成员与社会发展的大目标相趋同的目的。我们常讲榜样的力量是无穷的，就是因为典型人物的言行，能够激发人们的情感，引发人们的“内省”与共鸣，从而起到强烈的示范作用。当然，树立典型，表彰好人好事，还必须构建某种机制或制度以对见义勇为、助人为乐的人进行有力的保护，避免产生让英雄们既流血又流泪的尴尬现象。

正强化表现为一种社会奖励，而负强化就表现为一种社会惩罚。这种惩罚主要是一种法规上的惩罚。因此，要想有效实现他律，还必须加强法制建设，健全和完善社会主义法律体系和公正的司法制度。通过建立和健全有关的法规、制度，对社会的经济、政治、文化等领域及人际交往中的违法、违规、违约等的行为和现象依法进行严厉打击和制裁，使政治生活中的各种腐败现象，经济生活中的假冒伪劣、坑蒙拐骗以及人际交往的尔虞我诈、互相欺瞒现象等没有立足和藏身之地，要使奉公守法、勤劳致富、真诚守信的社会成员获得应有的社会尊重和满足，使那些贪污腐化、坑蒙拐骗等不法之徒付出沉重的代价。只有采取如此“硬性”的措施，才能真正矫正已被扭曲的激励机制，进而形成一种有利于抑制社会问题、促进可持续发展的良性“合力”。

第十二章
从高代价发展走向低代价发展

社会发展是进步性和代价性的统一。当我们从代价的角度理解和把握社会发展时，不仅要看到代价存在的客观必然性，而且要清醒地看到：实现代价的最小化，走低代价发展之路，应是当今社会发展所要追求的基本方向。事实上，当世界范围内掀起可持续发展的时代巨浪时，已经标志着发展进程中正在发生一种重大的实践转向，这就是：从高代价发展走向低代价发展。

第一节　发展与代价的内在统一性

代价是始终存在于人类历史进程中的一个重大矛盾现象。所谓代价，是指人类在实现发展进步的实践过程中所付出的努力和牺牲以及所造成的一系列消极后果。马克思认为："没有对抗就没有进步，这是文明直到今天所遵循的规律。"[①] 恩格斯也指出：在私有制社会，"文明每前进一步，不平等也同时前进一步"[②]。就发展与代价的关系来看，发展是内含着代价的发展，代价是依附于发展的代价。无代价的发展是不存在的，那只是一种逻辑上的假设。

---

① 《马克思恩格斯全集》第4卷，人民出版社，2016，第104页。

② 《马克思恩格斯选集》第3卷，人民出版社，1995，第482页。

无论是在内容还是形式上，发展与代价间的差异甚至对立都是明显的。从价值论的角度看，在特定的时空范围内，发展与代价是人们的价值取向相反的两个侧面：发展是与人们的价值取向相一致的积极成果，而代价可以说是人们为实现一定的价值目标而消耗和牺牲的一些价值，以及由此所承担的与价值取向相悖的消极后果。发展对代价有克服性、排斥性，代价对发展有限定性、损毁性和否定性等作用。当然，发展与代价之间的内在依存关系显然是主要的。它们之间的统一关系主要表现为以下四点。

一 发展和代价的相互依存性

发展与代价相互依存，密不可分，具有内在的必然联系。从价值论的视角分析，进步与代价是构成发展实践的两个基本的要素，是社会发展不可分割的两个方面。发展与代价的相互依存性表现在两个方面：①它们彼此各以对方为自己存在的前提和条件，既没有彼也就没有此，反之亦然。没有发展进步就没有代价，代价要在发展实践中产生；没有代价也不会实现社会进步，进步要通过代价的付出来取得。②它们是相互包含的。在代价和进步之间不存在一条绝对泾渭分明、互不相干的界线，而是呈现出你中有我，我中有你的状况。也就是说，纯粹的进步或纯粹的代价都是不存在的。

二 发展和代价的相互制约性

发展和代价之间存在相互制约、相互作用的情况。发展和代价间的相互制约性，表现为发展对代价的克服性、抑制性和代价对发展的生成、反省、约束、激励等作用情况。

尽管发展与代价间具有内在的必然联系，它们如影随形、相互依存，但从某种意义上分析，社会发展的本质就是对代价的克服与扬弃。那些“社会内部”的危机总是体现着代价的危害性，而“危机对人类社会并不新鲜。实际上，人类还从来没有经历过无危机的时期。历史表明，人类或迟或早总能克服所遇到的各种危机”[①]。这种克服具体表现为两种情况：一是必然性代价的最小化或最少化，即要将必然性代价特别是积极的必然性代价减少到最低程度。人类发展实践的一个重要原则，就是要以最小的投入换取最大的发展收益。二是人为性代价的避免化。那些人为性代价特别是“恶意的人为性代价”，其出现的概率越低越好。在现实的发展中，人类追求决策的科学化和民主化、努力提高各种实践能力如执政能力、对未来发展活动进行积极预测和展望等，这些努力的目的就是在发展实践中少走弯路，少犯错误，即以最小的牺牲和最少的错误换取最大的成功和进步。

代价对社会发展的制约作用表现为这样一些情况。其一，代价对社会发展具有生成作用——只有付出代价才能获得发展，这是社会获得发展的首要条件。从成本性代价的角度分析，人们付出或承受代价是为了实现自身的价值目标，促进自身的发展和进步。我国学者认为：“创价代价矛盾是社会实践中永恒的两极。”[②] 这就是说，人们付出代价是为了“创价”，即实现自己和社会的价值，而不是为了代价而付出代价。历史的进步往往要以“巨大的历史灾难”作为补偿，因而从人为性的代价甚至是恶意代价的角度分析，代价对发展的生成作用实际上体现了“恶”在社会发展中的推动作用。对此，马克思、恩格斯曾经有过深刻的论述。在《路德维希·费尔巴哈和德国古典哲学的终结》一书中，恩格斯曾十分赞赏黑格尔关于“恶”在社会发展中的作用的思想，他指出：“在黑格尔那里，恶是历史发展的动力的表现形式。这里有双重意思，一方面，每一种新的进步都必然表现为对某一神圣事物的亵渎，表现为对陈旧的、日渐衰亡的、但为习惯所崇奉的秩序的叛逆；另一方面，自从阶级对

① 〔美〕米哈依罗·米萨诺维克、〔德〕爱德华·帕斯托尔：《人类处在转折点——罗马俱乐部研究报告》，刘长毅、李永平、孙晓光译，中国和平出版社，1987，第17页。

② 张明仓：《论创价代价矛盾》，《东岳论丛》1997年第1期。

立产生以来，正是人的恶劣的情欲一贪欲和权势欲成了历史发展的杠杆，关于这方面，例如封建制度的和资产阶级的历史就是一个独一无二的持续不断的证明。”[①] “塞翁失马，焉知非福”，就人的发展而言，苦难可能是人生最好的导师。顺境固然是人们所希求的，但顺境反而不利于人的成长和发展，它常常会导致动因刺激的削弱、进取目标的丧失、适应能力的弱化。“一个处在优越地位中的人往往要为他享有的诸种优越条件付出沉重的代价。”[②] 正因如此，“梅花香自苦寒来”“历史是贵族的坟墓”等才成了不朽的生活箴言。诚如艾科卡所说：“人类中最伟大者和最优秀者，皆孕育于贫困这所学校中。这是催人奋发的学校，是唯一能出伟人和天才的学校。”代价对发展的生成性在人的认识和实践领域还常常以“失败乃成功之母”“挫折是通向成功的阶梯”“错误常常是正确的先导”这种方法论的功能加以体现。人们在认识和实践领域并不总是一帆风顺、一步到位的，由于种种主客观的原因，常常出现挫折、错误、失败等现象或结果。而挫折、错误、失败等是事物或实践的另一方面即“反面”，这种反面对于人们全面而深刻地认识客观事物、掌握科学合理的活动方法、调整活动方式等具有直接的促进作用。当这一次的失败或错误成为下一次或别人成功的基石的时候，就体现出了代价对发展的生成性。诚如毛泽东所指出的：“人们要想得到工作的胜利即得到预想的结果，一定要使自己的思想合于客观外界的规律性，如果不合，就会在实践中失败。人们经过失败之后，也就从失败取得教训，改正自己的思想使之适合于外界的规律性，人们就能变失败为胜利，所谓‘失败者成功之母’，‘吃一堑长一智’，就是这个道理。”[③] 其二，代价在社会发展中的反省作用——在社会发展中包含着发展主体对发展实践进行反思和总结的精神活动，而这种反思的根源主要就是代价现象的存在，或者说代价在此充当了发展主体的

① 《马克思恩格斯选集》第4卷，人民出版社，2009，第291页。

② 郑也夫：《代价论》，三联书店，1995，第128页。

③ 《毛泽东选集》第1卷，人民出版社，1991，第284页。

“反思源”的作用。发展主体总是通过已经发生的代价现象来检讨以往的发展行为，以总结利弊，确保新的发展实践的更好进行。其三，代价对发展主体的约束作用——代价的客观存在使得发展主体在发展实践中，从制定发展计划、发展目标，到选择发展手段、发展战略、发展模式等，都变得小心翼翼、科学理性，以避免造成不必要的浪费、失误和损失。例如，在 20 世纪 90 年代，我国曾经有过高达百分之十几的经济增长速度。后来，我们通过宏观调控而把经济增长速度降了下来。为什么要这样做，这是高增长所导致的高代价使然——因为我们无法承受高增长给我们带来的巨大代价或风险。其四，代价对发展主体的激励作用——代价的客观存在，总是激励着发展主体想方设法予以克服，它是焕发和调动主体的实践热情和主观能动性的重要因素。例如，近些年，我国实施了环保约谈问责制。2018 年，新组建的生态环境部持续加大了约谈力度，从约谈、通报到问责，生态环境保护始终保持高压态势，且渐成常态，效果也日益显现，为提供更多优质生态产品以满足人民日益增长的优美生态环境需要保驾护航。2018 年被约谈的 27 个地方政府，主要是由于大气治理工作不到位、自然保护区管理不严格和非法倾倒固废等原因被约谈，通过约谈而起到整改作用。从代价与发展关系的角度分析，这实际上是一种典型的代价对发展起生成、反省、激励等作用的现象。荣誉感固然能正面激励人，但羞耻感更能鞭策人。而羞耻感来源于主体对自身行为过错的反省和体认，是一种道德心理活动。严重的污染无疑是在城市发展和建设中产生的重大代价事件，当相关城市或地方不幸上了被约谈的名单后，面对强大的社会压力，它们“思过而后改”“知耻而后勇”，奋起作为，设法摘掉治理不到位的“帽子”，从而实现了代价向进步的转化，体现了代价对发展的促成作用。在现实生活中，一些格言警句也表达了代价对发展的反省性、激励性等作用。如“流过泪的眼睛更明亮，流过血的心更坚强”“苦尽甘来”“前车覆而后车戒”等。

三　发展和代价的相互转化

发展与代价间的关系不是静止不动、凝固不变的，它们处在相互作用的变化之中，这种变化的一个重要表现，就是发展与代价的相互转化。从社会发展的空间角度或横向关系角度分析，付出代价是为了换取发展，即在一方面是某种代价的付出或发生，而在另一方面则是人的某种物质或精神需求的满足，是人和社会的进步。在这里，代价的付出是获得发展的“手段”或中介，所谓“吃一堑，长一智”讲的就是这样的道理。而当人们在新的起点上进行新的发展活动的时候，则又会导致新的代价的产生，这又可以看作发展向代价的转化。从社会发展的历时性角度或纵向关系的角度分析，前人的代价或以往历史阶段的代价往往成为后人或未来发展阶段获得新的进步的契机。虽然在一定意义上，代价是对一定时空范围内的发展成果的折损，但进一步的发展又是对这种代价的扬弃，代价的克服就成为进一步发展的目标。正是在发展与代价的相互转化、不断扬弃的螺旋式矛盾运动中，人类历史才由蛮荒的远古时期走向了文明昌盛的今天，并将继续走向更加美好的明天。

四　发展和代价的共长性

由于代价是发展中的代价，它总是在社会发展的进程中产生并随着社会的发展而不断“增长”，这种“增长”的一个重要表现，就是随着人的发展力量及其活动足迹在社会空间中的不断扩展，人类遭受代价的范围也相应扩大。以人对自然的改造为例，人类控制自然的进程与自然界对人类的制约广度成正比。从原始时代到第二次世界大战之前，人类控制自然界的力量主要局限于地球“一隅”，因而人类也只限于在地球表面遭受大自然的制约甚至报复；但随着科学技术的飞速发展，当代人类已把改造和控制自然的触角伸到了微观、渺观和宇观领域，于是人受自然制约的广度也相应地在扩大。可见，人的发展足迹延伸到哪里，代价就会出现在哪里。

第二节　走出高代价发展

发展与代价关系的演变经历了三个基本的阶段：存在于渔猎文明和农业文明时期的低代价、低发展、低发展收益的阶段，存在于工业文明时期的高代价、高发展、低发展收益的阶段，存在于当今“整体文明”（整体文明是人的文明、物质文明、政治文明、精神文明和生态文明的“五位一体”）时期的低代价、高发展、高发展收益的阶段。自近代工业化以来，特别是自第二次世界大战以来，人类所走的发展之路基本上是一条高代价的发展道路。

社会发展的高代价形态和低代价形态实际上是从质与量的角度对代价及其与发展关系的一种把握。所谓代价，是指人类在实现进步的实践过程中所付出的努力和牺牲以及所造成的一系列消极后果。在性质及功能上，我们可将代价分为两类：必然性代价和人为性代价。必然性代价一般指发展的投入和人们为了实现某一发展目标而不得不承受的损失和牺牲，这是一种合理的必要性代价，它对社会进步有着积极的促进和补偿作用；人为性代价主要是因主观局限及失误和人对自身私欲及利益的极端而恶意的追求所造成的消极后果和负面影响，这是一种违背真理的非必要性代价，它对发展具有一定的破坏性和损毁性。在数量上分析发展与代价的关系，则存在这样三种情况：发展收益大于代价即得大于失，发展收益等于代价即得等于失，发展收益小于代价即得小于失。发展收益小于代价，就会导致发展的衰退，这时社会就处于一种恶性运行的状态；发展收益等于代价，就会导致发展的停滞，这时社会就处于一种中性运行的状态；发展收益大于代价，则会实现社会的进步，这时社会就处于一种良性运行的状态。当代价的付出大于或等于发展之所得，特别是出现了大量的非必要性代价时，即发展的成本过高，消极后果严重，就会给发展带来严重的损害和破坏，使发展出现衰退或停滞的情况，这样的发展在本质上就是一种高代价的发展。

高代价发展具体表现在两个方面：一是发展成本的高投入，二是消极后果的严重化。所谓发展成本的高投入，是指发展成本过高或投入过大，获得的收益低于所付出的成本或投入，形象地说就是用一块金子或银子去换取一块废铜烂铁，由此导致发展资源的极大破坏和浪费。所谓消极后果的严重化，是指发展实践造成的破坏、损失和牺牲等呈现出日趋加重化的迹象。人类的发展实践，其过程和结果具有利弊两重性：即一方面在创造着文明，推动着进步；另一方面又在破坏着文明，阻碍着进步。自工业化以来，发展实践的这种破坏性、损毁性已被日渐强化和放大，从而严重抵消了发展之所得。

高代价发展有三个突出的特征：在发展理念上奉行“物本论”，在发展目的上单纯追求经济指标，在发展过程上只追求发展的速度和数量。20 世纪中期以来，由于战后资本主义一度出现了繁荣景象，发展理论中的盲目乐观主义开始抬头，发展于是完全被美化为摆脱贫穷走向富裕、摆脱愚昧走向文明的过程，问题与代价则根本不在发展学的视野之内。换言之，由于人们缺乏代价意识特别是在实践中奉行单一的经济增长模式，以致陷于这样一种“发展困境”，即所取得的进步与所付出的代价同步增长，甚至所取得的进步越大，所付出的代价也就越多。单一经济增长论的失误在于没有考虑到经济增长或经济活动对生态环境系统和社会整体发展的破坏性影响，一言以蔽之，就是缺乏代价意识，看不到人类单纯追求经济增长所付出的沉重代价，以为经济增长了就等于社会进步了。1972 年罗马俱乐部所发表的《增长的极限》的报告指出：世界人口、工业化、污染、粮食生产和资源消耗都具有一种指数增长的性质。也就是说，过一段时间就增加一倍。如果这个趋势继续下去，我们“这个行星上增长的极限有朝一日将在今后 100 年中发生，最可能的结果将是人口和工业生产力有相当突然的和不可控制的衰退”[①]。这表明，

① 〔美〕丹尼斯·L. 米都斯等：《增长的极限——罗马俱乐部关于人类困境的报告》，李宝恒译，吉林人民出版社，1997，第 17 页。

《增长的极限》实际上已经指出了发展与代价同步增长的事实。

回首已经逝去的20世纪，我们发现，那“是人类历史上社会震荡最剧烈、最不稳定的一个世纪”①。在20世纪，既有迪斯尼乐园，又有奥斯威辛集中营；既有人类登天揽月的壮举，又有人类破坏环境、自毁家园的愚蠢行为；既有人类物质上的繁荣，又有人类精神上的荒芜。“我们生活在一个前所未有的丰裕世界中，在一二百年前这是很难想象的。”“但是，我们生活的世界仍然存在大规模的剥夺、贫困和压迫。不仅有老问题，还有很多新问题。”② 针对日益严重的生态环境问题，有人曾这样形象地说：如果再不寻找新的能源，那么“汽车与石油，很快成为恐龙与侏罗纪”。总之，高代价发展之路是一条困难多多、问题重重、危机四伏的荆棘之路、死亡之路，在其前方，将是发展的深渊和陷阱。因此，为了人类的可持续生存和发展，人类必须改弦易辙，另辟新径，走低代价发展之路。

第三节 走向低代价发展

所谓低代价发展，是指所付出的发展成本和所导致的消极后果最小或最少，而发展收益最大或最显著的发展。在“低代价发展”这一范畴中，包含具有内在联系的两个方面的要素：低代价和发展。也就是说，在低代价发展的理论和实践中，是将实现进步的至上性和抑制代价的紧迫性有机统一了起来。如果说，高代价发展，在创造着发展的同时也在创造着代价，而且发展越快，代价越重，那么，低代价发展则在创造着发展的同时却在调控着代价，实现着发展收益与代价付出的逆向互动。在低代价发展看来，一方面，“发展”是实现低代价的基础。在一个发展不足，物质财富不丰裕的社会，必

① 罗荣渠：《现代化新论续篇——东亚与中国的现代化进程》，北京大学出版社，1997，第36页。

② 〔印度〕阿马蒂亚·森：《以自由看待发展》，任赜、于真译，中国人民大学出版社，2002，第23页。

然是一个充满着争斗、冲突、内乱的不稳定、不和谐的社会，是一个高代价的社会。因而，低代价发展要求发展、追求发展。另一方面，代价的“低化”或“最小化”应当被看作实现发展进步的内在要求和根本保障。我们所说的发展是以人为本、全面协调可持续的发展，这样的发展必须做到“低代价性”。这里有两方面的含义：其一，实现代价的最小化，是发展的内在要求，是实现进步的内在的必备的一环。任何发展都面临两个根本的任务—— 一是追求和提高发展的积极的正面的效益即发展收益，二是减少投入、降低成本，最大限度地防范消极后果的发生，而只有降低和抑制代价，才能直接提高发展的收益。其二，实现代价的最小化，是确保发展全面协调可持续进行的基本条件。代价尽管对发展具有促进性和补偿性等积极作用，但它对发展还具有破坏性和否定性等消极作用，如果这种消极作用过大，显然不利于发展的顺利持续有效进行。因此，我们实现发展的低代价化，显然是为发展提供了根本的保障条件。从此分析，低代价发展必须要求调控代价、抑制代价。

低代价发展是在这样一种时代背景下提出来的：进入新时代以来，生态文明建设成为“五位一体”总体布局中的重要内容，环境保护被提上了重要日程，绿色发展的理念深入人心，可持续发展的实践进程在顺利推进，确立低代价的经济增长方式已引起了人们的广泛关注，建立循环经济，实施清洁生产的呼声越来越高，建立节约型、循环型社会也已提出并在积极实施当中。这一切都在表明，人们希望通过种种举措，在生产、生活等领域，力图将代价减少到最低程度。

相对于高代价发展而言，低代价发展具有以下重要特征。

(1) 低代价发展是一种以人为本的发展。以人为本，通过社会的进步实现人的全面发展，这可以看作低代价发展的最高价值追求，是其最根本的特征。高代价发展奉行“以物为本”的发展理念，在实践中追求经济产值的增长，造成人的异化和被边缘化现象，使人成了仅仅实现“物”的发展的工具和手段。而当人在发展中被物所遮蔽时，这无疑是一种最为沉重、最令人痛心的代价。低代价发展高扬“以人为本”的大旗，真正将人置于“发展主体”的地位，从而使社会发展包含着深厚的人文意蕴和最高的价值追求。

（2）低代价发展是一种合理性的发展。低代价发展的合理性具体表现在两个方面，一是要合理付出，二是要付出合理的代价。所谓合理付出，是指代价付出要以合理的方式进行。根据丰子义教授的研究，这种合理的方式应当包括：该付的必须付，不该付的绝对不能付；该谁付的谁要付，不该谁付的不能让谁付；该付的时候要适时付，不该付的时候不能盲目付；该集中付的要集中付，不该集中付的要分开付。[1] 除此之外，还有一点，那就是合理付出还包括适度付出，即要将代价的付出控制在一定的限度之内，这意味着干任何事情，都要计算成本和防范消极后果，那种不计成本和不防范消极后果的努力是蠢干。所谓付出合理的代价，简言之，是指人们在追求社会进步的过程中所付出的代价基本上是一种必要性代价，即应该付出的当然也是不可避免的代价。合理代价的付出是实现社会进步的必要条件。

（3）低代价发展是一种公平性的发展。公平与效率是经济生活和社会发展进程中所遇到的一对重要矛盾。如果说高代价发展在客观上侧重于对效率的追求的话，那么低代价发展在重视效率的同时，更要关注发展进程中的公平正义问题。高代价发展模式一般是在生产力比较落后、社会财富比较贫乏的历史背景下实施的，因而它所要解决的首要问题是效率问题，是如何把蛋糕做大的问题。在高代价发展的历史轨道上，社会系统似乎是一辆快速运转的“经济列车”，只知创造和索取财富，而较少关注财富的公平分配及机会的均等、权利的平等、司法的公正等问题，结果造成日益严重的贫富差距、司法不公等问题。公平正义原则是低代价发展得以顺利推进并取得成效的重要前提和基本条件。在低代价发展看来，只有坚持公

---

① 丰子义：《现代化进程的矛盾与探求》，北京出版社，1999，第 242 ~ 246 页。

平和正义，才能凝聚人心、整合力量、化解矛盾、消除震荡，从而创建一个不同利益群体各尽其能、各得其所、和谐相处的社会，而这样的社会显然是一个低代价发展的社会。

（4）低代价发展是一种全面性的发展。如果说高代价发展在实践中奉行单一的经济增长模式从而造成社会发展各要素关系的不协调的话，那么，低代价发展则追求一种全面的、整体的发展。低代价发展注重的是人与自然关系、人与人关系、人的物质与精神关系的优化，追求的是社会各个领域如经济、政治、文化及生态的整体推进、协调进步。在低代价发展看来，“发展是硬道理”但不等于GDP是硬道理，因为这种发展是内含着“物质”与“精神”、内含着经济因素和社会其他各种因素的一种整体的、协调的进步。

（5）低代价发展是一种持续性的发展。如果说高代价发展主要关注的是人的眼前的、局部的利益的话，那么低代价发展则更多关注的是人的长远的、根本的利益。低代价发展认为，应以持续的和长远的获利作为社会发展的一个重要衡量标准，任何只顾眼前的好处而不考虑未来损害的所谓发展，都不应被视为科学的、合理的发展。总之，低代价发展是既要“发展”，又要“可持续”，是“发展”和“可持续”的有机结合。

（6）低代价发展是一种限定性的发展。限定性是指低代价发展不是以自我为中心的随意的、不择手段的发展，而是一种受到客观规律和社会规范的严格限制的发展。换言之，所谓低代价发展中的“低”或最小化，绝不是无原则、无规矩的“低”，如某一家企业为了减少成本，实现自身利润的最大化，直接将污染物排放到环境中去，或某一个商人为了追求自己的最大收益，大搞“假、冒、伪、劣”等活动，这样一种做法对特定的“我”来说可能具有“低代价性”，但它在更大的范围内、更大的程度上损害了其他人的利益，给社会和他人造成不应有的损失和伤害。可见，低代价发展必须是有限定的、有条件的发展。

（7）低代价发展是一种创美性的发展。如果说高代价发展主要是按照一种极端功利性的尺度进行创造的话，那么，低代价发展则重在遵循美的尺度进行创造。按照极端功利性的尺度，既创造了进步，也制造了大量的矛盾和问题。而面对发展实践中所存在的危机与问题，还需要通过人的创美活动予以克服和解决。从美学角度分析，在社会发展中不仅存在“美”，而且存在“丑”。发展的美与丑的矛盾关系，为创美规律的发生和发挥作用提供了客观的依据和对象。社会发展的创美规律就是一种趋真除假、趋利避害、趋美去丑的规律。低代价发展的创美性在于要求人们在自觉的审美意识的指导下，在遵循创美规律的基础上，全面美化发展实践，从而克服发展问题，不断提高发展质量。

总之，低代价发展是一种新的发展理念、发展实践、发展机制。它的提出，要求人们从代价的角度认识发展，从调控代价的角度实现发展，它教我们在繁荣中看到问题，在危机中寻找出路，这是一条理想的通往光明未来的安全之路。因而，我们应果断选择低代价的发展道路。

第四节　构建低代价发展模式：实施低代价发展的关键

从高代价发展走向低代价发展，无疑是当代人类明智而正确的选择，但如何真正有效地实现低代价发展呢？关键是要构建一种低代价的发展模式，即通过一种模式或机制，从根本上解决和克服发展进程中的高代价问题。

人类一直在努力减少代价现象，但迄今人们抑制代价的努力有这样两个明显的缺陷：第一，采用“就事论事”式的做法，即以一种“头痛医头，脚痛医脚”的方式进行。这种“脚踩西瓜皮，滑到哪里是哪里”的“个案化”做法，没有看到不同主体、不同领域、不同性质间的代价及克服代价之间的相互关联性，从而缺乏抑制代价的系统性、整体性的举措和效应。第二，采用事后“灭火”式的做法，这种“兵来将挡，水来土掩”式的抑制代价的努力，虽然也是一种“抑制”和“克服”的实践现象，但由于是事后的，因而克服代价的努力显得被动和穷于应付，而且往往是事倍功半，吃力不讨好。事后抑制代价的事例主要有：污染了再去治理，吃胖了再去减肥，生病了再去医治，先制造病毒然后再制造杀毒软件，等等。

造成上述缺陷的主要原因就是没有形成一个有效的模式或机制。因此，要想真正实现低代价发展，就必须建构起低代价的发展模式。所谓低代价发展模式，简单地说，就是使低代价发展实践模式化、机制化。具体而言，是指社会系统在特定的演进时期人们所自觉而广泛选择及实行的低代价发展的方式、途径、原则和结果的统一体。低代价发展模式的提出和构建，将人们对发展代价的认识特别是对代价的克服和抑制的实践努力提升到了一个新的高度，使人们实施低代价发展或抑制代价的努力具有了以下这样一些特点和意义。

（1）抑制代价努力的理念化。即低代价发展模式的确立，使得社会成员普遍地具有了要实现低代价发展的思维意识。通过这种内化于心的关于低代价发展的思维意识或思维理念，使社会成员在发展目标的确定、发展政策的制定、发展手段的选择、发展结果的评价等方面都能遵循“代价的最小化原则”。只有形成一种主流化的，带有普遍性要求的社会意识，低代价发展的实践活动才能真正由自发转为自觉，由个别转为一般。

（2）抑制代价努力的制度化。低代价发展模式的突出特征就是它通过一系列有效的制度安排形成有利于低代价发展的机制、体制、方式等。机制、体制、方式等是低代价发展模式的最主要的构件。各种各样的体制、机制或方式如经济增长方式、消费方式、社会保障机制、预警反馈机制、社会激励机制、技术创新机制等是克服和抑制代价的有力武器和工具，也是低代价发展模式得以存在并发挥作用的重要支撑性要素。

（3）抑制代价努力的自觉化。由于缺乏代价意识，以往人们克服和抑制代价的努力往往是自发进行的，而且是在严重的代价现象的推动下“仓促”迎战的。低代价发展模式的建构，实现了在克服代价方面由自发向自觉，由被动向主动的转换。低代价发展模式要求发展主体抛弃那种“跟着感觉走”“随大流”的态度和做法，要求人们既要正视发展进程中所出现的危机和问题，还要以历史主人翁的姿态积极主动地去消除代价现象。

（4）抑制代价努力的超前化。传统的克服代价的努力往往是“灭火”式的，是一种事后治理、结果型治理。而新型的低代价发展模式，则将防治代价的努力“前移”，即着重进行源头治理，或治防结合。代价抑制的超前化是低代价发展模式形成的重要标志。

（5）抑制代价努力的长效化。在以往高代价发展的时代背景下，人们对代价的克服和抑制往往是一时一地的，没有形成什么连贯性和系统性，现在我们所倡导的低代价发展模式，则消除了那种在代价抑制方面的短效性、眼前性的缺陷，它通过一系列规章制度和相关机制的建立使代价问题得到持续有效的解决。

（6）抑制代价努力的普遍化。以往克服代价的工作往往是特定部门和特定人群的事情，而低代价发展模式的作用在于调动起了全社会的力量共同参与对代价的克服和抑制的工作，从而形成了一种抑制代价的社会性“合力”。不同的人群在各自的生产和生活中，都肩负着使代价最小化的责任和义务。

总之，要建构起低代价的发展模式，关键要做两方面的工作：一是形成关于低代价发展的主流理念，这是低代价发展模式得以形成的精神“灵魂”；二是要建立和健全一系列的规章制度，这是低代价发展模式得以形成及实施的机制基础。具备了这两点，才能出现抑制代价的自觉化、超前化、长效化、普遍化等效果。

索引

E

F

G

L

M

N

O

P

Q

R

S

后　记

这本略显单薄的拙作，是我二十多年研究的有限积累，也是我长期坚持社会发展问题研究所取得的阶段性成果。尽管我国的生态环境质量得到持续改善，北京的蓝天也日益增多，但非常令人不安的是：地球似乎正在“发烧”，暖冬频频出现，夏天酷热难耐，对此，联合国政府间气候变化专门委员会（IPCC）于 2018 年 10 月警告说，全球升温幅度须控制在 1.5 摄氏度之内，否则在 2030 年之后地球气候会迎来毁灭性变化。这莫非意味着，全球变暖留给我们的时间只有短短十几年了？难道人类发展真的出现了断代性的趋向？如果从 1972 年算起，关于可持续发展的讨论已经将近半个世纪了，但依然严重的生态危机在激发着我们必须不断关注可持续发展的研究和实践。当严重的生态环境问题使人类的明天处于险境甚至绝境的时候，人类必须打通一条连接未来的可持续发展之路。而可持续发展的“千秋大剧”只能在人与自然生命共同体的舞台上演。本书就是基于人与自然生命共同体的视角而透视可持续发展的学理、方法和必要性的思考。

感谢中共中央党校（国家行政学院）创新工程的资助。当创新具有了工程性的时候，这种创新或许会更自觉、更具积极性。感谢广西民族大学的刘佳老师和中央党校的博士研究生王丹。其中第三章是我和刘佳合写的，对于本书王丹也做了大量的资料核对工作。

我们要记住：只要雾霾还在天上，生态文明建设就一定在路上。生态是生命家园，绿色是时代底色。因而诚如斯言：像保护眼睛一样保护生态环境，像对待生命一样对待生态环境。

邱耕田

2019 年 8 月 8 日

图书在版编目(CIP)数据

发展：在人与自然之间／邱耕田著. -- 北京：社会科学文献出版社，2019.9

（中共中央党校（国家行政学院）马克思主义理论研究丛书）

ISBN 978-7-5201-5333-1

Ⅰ.①发… Ⅱ.①邱… Ⅲ.①马克思主义-自然哲学-研究 Ⅳ.①A811.63

中国版本图书馆 CIP 数据核字(2019)第 171809 号

中共中央党校（国家行政学院）马克思主义理论研究丛书

发展：在人与自然之间

著　　者／邱耕田

出 版 人／谢寿光

责任编辑／岳梦夏

文稿编辑／韩欣楠

出　　版／社会科学文献出版社·社会政法分社（010）59367156

地址：北京市北三环中路甲 29 号院华龙大厦　邮编：100029

网址：www.ssap.com.cn

发　　行／市场营销中心（010）59367081　59367083

印　　装／三河市尚艺印装有限公司

规　　格／开　本：787mm × 1092mm　1/16

印　张：14.25　字　数：195 千字

版　　次／2019 年 9 月第 1 版　2019 年 9 月第 1 次印刷

书　　号／ISBN 978-7-5201-5333-1

定　　价／85.00 元